财务会计"云"系列智慧型教材

第3版

商品流通企业会计实训

主　编　赵建群　张　岐

副主编　曾　琼

电子工业出版社

Publishing House of Electronics Industry

北京·BEIJING

内 容 简 介

本教材是基于商品流通企业会计工作过程的职业能力需要开发的《商品流通企业会计》配套教材。本教材包括商品流通企业会计实训指导、商品流通企业会计实训规范和商品流通企业会计综合实训三篇内容。第一篇概括介绍商品流通企业会计实训的整体要求和内容、组织等；第二篇主要是按照任务驱动教学方法的要求，按照各项具体业务开展单项实训；第三篇是综合实训部分，即在前面分任务、分过程实训的基础上，按照会计工作过程的要求，综合完成企业会计业务整个循环的实训。本书资料是根据企业实际业务的真实原始凭证整合而来，实现了实训与实际工作过程的无缝对接。

本教材可作为高等职业学校会计、财务管理、金融、工商管理、市场营销、电子商务、国际商务等经济类专业的商品流通企业会计课程的实践教学用书；同时也可作为成人大专和远程教育经济类专业的实践教学用书；还可作为有意从事会计工作的人员的学习参考用书。

未经许可，不得以任何方式复制或抄袭本书之部分或全部内容。
版权所有，侵权必究。

图书在版编目（CIP）数据

商品流通企业会计实训/赵建群，张岐主编. —3 版. —北京：电子工业出版社，2022.2
ISBN 978-7-121-43028-2

Ⅰ.①商… Ⅱ.①赵… ②张… Ⅲ.①商业会计–高等职业教育–教材 Ⅳ.①F715.51

中国版本图书馆 CIP 数据核字（2022）第 032451 号

责任编辑：张云怡　　特约编辑：尹杰康
印　　刷：北京市大天乐投资管理有限公司
装　　订：北京市大天乐投资管理有限公司
出版发行：电子工业出版社
　　　　　北京市海淀区万寿路 173 信箱　邮编 100036
开　　本：787×1 092　1/16　印张：15.75　字数：403.2 千字
版　　次：2009 年 6 月第 1 版
　　　　　2022 年 2 月第 3 版
印　　次：2022 年 2 月第 1 次印刷
定　　价：49.80 元

凡所购买电子工业出版社图书有缺损问题，请向购买书店调换。若书店售缺，请与本社发行部联系，联系及邮购电话：(010) 88254888，88258888。
质量投诉请发邮件至 zlts@phei.com.cn，盗版侵权举报请发邮件至 dbqq@phei.com.cn。
本书咨询联系方式：(010) 88254573，zyy@phei.com.cn。

前 言

第3版

本教材自 2014 年 8 月再版以来，得到了高职院校同行的认可，同时也对本教材提出了许多中肯的建议和期待，同时随着国家财税法规的不断变化，对商品流通企业会计的核算也提出了新的要求，基于此对全书进行了再次修订。

本次修订，在保持原有的体例及特色外，重点在以下几方面进行了修订：第一，根据当前国家的税收政策变化及汇率变化更新了相关实训的数据及相关单证；第二，根据教师在使用过程中的建议删除了部分非典型业务，在精简业务的同时，突出了主体业务的训练；第三，将部分业务指引还原到教材之中，避免与主教材的重复；第四，通过扫描二维码，学生可直接观看相关业务处理的流程演绎及实训任务引领等视频资源，极大地提高了学生开展实训的效率及效果。

说明：1. 本书中的发票，为示意发票，发票部分细节做了省略处理。

2. 各篇的经济业务中涉及的非发票单据均源于企业实际业务照片，出于尊重企业实际工作习惯的原因，未做统一修改。

本教材的修订由赵建群、张岐、曾琼共同完成。第一篇由张岐负责修订；第二篇的任务一到任务四及第三篇由赵建群负责修订；第二篇的任务五和任务六由曾琼负责修订。本教材的修订是校企合作的成果，在修订过程中得到了相关企业、会计师事务所同行的大力支持。

由于时间有限，书中不足之处在所难免，请广大读者指正。

编 者

2021 年 12 月

目　录

第一篇　商品流通企业会计实训指导 (1)
　　一、加强商品流通企业会计实践教学的意义 (1)
　　二、商品流通企业会计的实训目的及整体要求 (2)
　　三、商品流通企业会计的实训内容 (3)
　　四、商品流通企业会计实训的组织 (6)
　　五、商品流通企业会计实训的评价 (7)

第二篇　商品流通企业会计实训规范 (9)
　　任务一　批发商品购进的业务核算 (9)
　　　　一、商品购进涉及的主要原始凭证 (9)
　　　　二、商品购进的明细分类核算范例 (11)
　　　　三、实训 (11)
　　任务二　批发商品销售的业务核算 (30)
　　　　一、实训目的 (30)
　　　　二、实训资料 (30)
　　　　三、实训要求 (43)
　　任务三　批发商品储存的业务核算 (43)
　　　　一、库存商品核算的账簿设置及核对 (43)
　　　　二、库存商品明细账的登记 (44)
　　　　三、库存商品的盘点及处理 (45)
　　　　四、库存商品的期末计价 (46)
　　　　五、商品销售成本的计算结转 (46)
　　　　六、商品销售成本计算方法的选择 (48)
　　　　七、实训 (48)
　　任务四　零售商品购进的业务核算 (51)
　　　　一、实训目的 (51)
　　　　二、实训资料 (51)
　　　　三、实训要求 (63)
　　任务五　零售商品销售的业务核算 (63)
　　　　一、实训目的 (63)
　　　　二、实训资料 (64)
　　　　三、实训要求 (66)

· V ·

  任务六 零售商品储存的业务核算 …………………………………………………… (66)
   一、库存商品和商品进销差价明细账的设置与登记 …………………………… (66)
   二、库存商品的盘点及处理 ……………………………………………………… (67)
   三、库存商品的调价 ……………………………………………………………… (68)
   四、库存商品的内部调拨 ………………………………………………………… (68)
   五、库存商品的削价 ……………………………………………………………… (69)
   六、库存商品的期末计价 ………………………………………………………… (69)
   七、商品销售成本的计算结转 …………………………………………………… (69)
   八、实训 …………………………………………………………………………… (70)
第三篇 商品流通企业会计综合实训 …………………………………………………… (73)
  一、实训目标 ………………………………………………………………………… (73)
  二、实训要求 ………………………………………………………………………… (73)
  三、实训组织 ………………………………………………………………………… (73)
  四、实训评价 ………………………………………………………………………… (73)
  五、实训准备 ………………………………………………………………………… (74)
  六、实训资料 ………………………………………………………………………… (74)
附录 A 综合实训参考答案 ……………………………………………………………… (242)
附录 B 商品流通企业会计实训报告 …………………………………………………… (243)

第一篇

商品流通企业会计实训指导

一、加强商品流通企业会计实践教学的意义

商品流通企业的范围很广，包括各种经济性质和组织形式的商业、粮食、物资供销、供销合作社、对外贸易、医药、石油、烟草和图书发行等企业。其主要经济活动就是组织各类商品从生产领域转移到消费领域，实现商品的价值，并获取赢利的经济活动。

作为我国行业会计中主要分支的商品流通企业会计，由于核算对象的特殊性，在核算的内容、核算方法等方面均与其他行业会计有着较大的差别。同时，即使同是商品流通企业，由于经营方式和商品不同，其核算方法也有较大的差异。因此，根据商品流通企业不同的经营方式及经营对象的特殊性，有针对性地开展区别于其他行业会计的实训教学就显得尤为必要。

（一）当前高等职业院校在商品流通企业会计实践教学方面存在的误区

1. 观念上的误区。"商品流通企业会计"作为会计专业的核心课程之一，一般均在"财务会计"课程之后开设，当前该课程建设上存在的问题主要表现在过分追求学科体系的完整性，使相当部分已在"财务会计"中学过的内容或已经掌握的技能仍纳入到该课程的教学体系之中，同时当前企业大量新兴的业务又没有纳入教学，既造成资源的浪费，又与商品流通企业会计工作的实践要求相脱节。

2. 操作上的误区。由于在教学中过分依赖教材按照章节划分规律组织教学，没有从商品流通企业会计工作的业务流程和规律来对教学内容进行基于工作过程的整合，使学生只是学会了一系列点、线式的知识点和能力点，无法建立起系统的会计工作业务流程观。最终，由于没有综合的业务实训做支撑，学生无法系统掌握会计业务整个流程的岗位能力。实训教学所采取的方式仍是平时会计习题的翻版，并没有根据商品流通企业会计工作所需的岗位能力需要进行系统的实训内容、方式及手段的设计，缺乏与该行业会计实践岗位能力要求的系统衔接，使学生对商品流通企业会计核算的关键能力缺乏系统的把握，严重地影响了该课程的教学效果。

（二）加强商品流通企业会计实践教学的意义

1. 有利于提升高职学生的职业能力。"商品流通企业会计"作为会计专业的核心课程之一，是该专业学生职业能力体系的重要组成部分，通过基于工作过程的实践教学，对于构建

学生的会计专业能力体系具有重要的作用。

2. 是实现融"教、学、做"于一体教学模式改革的重要手段。由于商品流通企业核算内容及核算方式的复杂性，单纯依靠理论教学是无法使学生掌握该行业会计的核算技能的，因此，通过源于企业真实核算业务资料整合而成的实训平台，将"教、学、做"融为一体，是该课程教学改革的重要手段。

3. 是拓宽学生就业渠道的重要保障。综观当前的就业市场，商品流通企业所需人才，在本专业学生的就业中占有较大的比例，因此，通过科学的实训体系，提高学生在商品流通企业会计岗位上的适应能力，为本专业学生毕业前的顶岗实习和就业奠定了扎实的基础，更为学生的就业拓展了空间。

二、商品流通企业会计的实训目的及整体要求

（一）实训的目的

1. 整合课堂上所学的该行业会计核算的知识和技能，强化商品流通企业会计核算与其他行业会计的差异，通过边实践、边学习、边思考、边总结的过程，熟练地根据商品流通企业的经营方式、经营范围选择恰当的核算方法。

2. 在全面巩固不同商品流通企业的经营方式、经营范围下的会计核算单项技能基础上，进一步掌握综合性商品流通企业会计核算诸方法的综合运用，进一步提升该行业会计核算的综合职业能力。

3. 通过基于工作过程的实训教学，使学生全面掌握商品流通企业会计核算方法，为学生的顶岗实习和就业奠定基础。

（二）实训的整体要求

为提高该课程实训教学的效果，达到实训教学的目的，在实训教学的组织过程中，必须遵循以下要求。

1. 正确处理实训与理论教学的关系。做到理论教学要保证培养目标、知识结构的需要，实践教学要满足专业技能的实际需求，使理论教学和实践教学成为两条并重共进的主线，在整个教学过程中，两者互相联系、紧密配合、相互交叉、彼此渗透。

2. 正确处理单项实训与综合实训的关系。单项实训应以使学生掌握各单项核算技能与规范为目标，综合实训应以培养学生独立处理全盘业务的能力为目标。单项实训是综合实训的基础，综合实训是在单项实训基础上的深化。

3. 科学组织、合理规划各阶段的目标与任务。无论是单项实训还是综合实训，在具体的实施中，教师都应合理规划每项实训具体实施的要求、目标和要点，在单项实训阶段，应做好实训后的讲评工作，目的是使学生掌握和理解商品流通企业会计核算的基本技能和规范，在综合实训阶段，应以培养学生在单项实训的基础上对企业全盘业务的综合处理能力为目标。

4. 在业务处理的规范性上，应以《会计基础工作规范》为标准。无论单项实训还是综合实训，其基本操作均应以《会计基础工作规范》为标准，以培养学生良好的职业素养为

目标。

5. 按照基于工作过程的要求组织实训。无论是单项实训还是综合实训，均应按照商品流通企业会计核算的真实程序、方法和所使用的凭证、账簿、报表来开展实训，以实现"工学结合"的目的。

6. 构建科学的评价体系。对于各项实训的评价，应鼓励学生互评与教师评价相结合。同时，应以企业的实际工作要求和《会计基础工作规范》为标准构建实训教学的评价体系，以培养学生良好的职业素养为目标。

三、商品流通企业会计的实训内容

（一）基于会计工作过程的能力点进行训练分析

要想掌握商品流通企业会计核算的要点，必须把握它与其他行业会计的差别，同时进一步了解会计核算的内容。

1. 商品流通企业的业务流程分析。商品流通企业经营活动与其他行业有着明显的不同，在商品流通企业的经济活动中，购进和销售活动是企业的基本和关键性活动。商品的调入、调出、运输和储存等经济活动都是围绕购销活动展开的，并受购销活动的支配和影响。一般而言，商品流通企业的经济活动过程主要包括购进和销售两个阶段，一般没有生产过程。若将商品流通企业的经济活动与制造业的经济活动相比较，其经济活动表现出以下三个特征：一是企业经济活动的中心内容是频繁发生的商品购进和销售；二是商品存货在企业全部资产中占有较大的比重，并构成企业资产核算与管理的重点；三是企业营运资金的运动轨迹为"货币—商品—货币"，即表现为货币与商品之间的相互转换。

2. 商品流通核算方法选择。按照完成商品流通过程中的作用划分，商品流通业务可以分为相互关联的批发商品流通和零售商品流通两个环节；按照商品流通的组织方式不同可分为自营商品流通和联合经营商品流通；按照经营商品的种类不同可分为专业性商品流通和综合类商品流通。

通过以上分析可知：如果以商品流通企业会计核算的业务流程为载体进行分析，商品流通企业会计的核算无外乎商品购进核算、商品销售核算和商品储存核算三个环节；如果以商品流通企业经营的对象为载体，商品流通企业会计的核算重点关键就在于对商品储存核算的方法不同。通过学习财务会计的相关知识，学生已经基本掌握一般业务核算的方法，其关键点就在于根据不同的经营方式和经营对象选择恰当的商品储存核算方法。

综合商品流通企业的业务流程、经营对象，以及商品流通核算方法、要点，总结出基于工作过程的商品流通核算方法选择要点如表1.1所示。

表 1.1 基于工作过程的商品流通核算方法选择要点

项目	售价金额核算法	数量售价金额核算法	数量进价金额核算法	进价金额核算法
定义	这是库存商品总账和明细账都只反映商品的售价金额，不反映实物数量的一种核算方法（售价记账，实物负责制）	这是库存商品总账和明细账除反映商品售价金额外，明细账还同时反映商品实物数量的一种核算方法	这是库存商品总账和明细账除反映商品的进价金额外，明细账还同时反映商品实物数量的一种核算方法	这是库存商品总账和明细账只反映商品的进价金额，不反映实物数量的一种核算方法（进价记账，盘存计销）
优点	控制商品的售价，不必逐笔登记数量明细账，简化了核算手续	便于加强对库存商品的管理与控制，尤其对销货款的管理极为严密，是一种比较完善的核算方法	便于加强库存商品的管理和控制	核算手续简便，工作量小
缺点	不便于数量控制	在商品购进时既要核算进价，又要计算售价和进销差价，在商品销售时，必须逐笔填制销售凭证，核算工作量大	每笔购销业务都要填制会计凭证，并按每种商品逐笔登记明细账，核算工作量大	平时不能对商品进、销、存的数量进行控制，由于采用盘存计销的办法，将商品销售成本、商品损耗和差错造成的短缺混在一起，不易发现企业经营管理中存在的问题
适用范围	零售企业的商品核算	用于具备前店后仓、批零结合的批发企业和经营贵重商品的零售企业	批发企业、农副产品收购企业、贸易中心等	售价变化比较频繁、实物数量不易控制的经营鲜活商品的零售企业
财会部门账簿设置	库存商品总账按售价金额记账；明细账按实物负责人或营业柜组分户，按售价金额记账，并设置"商品进销差价"账户	库存商品总账按售价金额记账；类目账按数量和售价金额记账；明细账按商品品名、规格、等级分户，按售价金额和数量记账，并设置"商品进销差价"账户	库存商品总账、类目账按进价金额记账；明细账按品名、规格分户，按数量和进价金额记账	库存商品总账、明细账按进价金额记账；明细账按实物负责人分户，按进价金额记账
成本结转	随时结转已销商品的售价成本，月末将已销商品的售价成本调整为进价成本	随时结转已销商品的售价成本，月末将已销商品的售价成本调整为进价成本	随时或定期计算并结转已销商品的进价成本	依最后一次进货单价确定结存金额，倒轧已销商品的进价成本，采用倒挤法；本期已销商品成本=期初结存商品金额+本期购进商品金额−期末结存商品金额
财产盘存制度	实地盘存制，辅以永续盘存制核对	永续盘存制，辅以实地盘存制核对	永续盘存制，辅以实地盘存制核对	实地盘存制

（二）商品流通企业会计的实训内容

为了使学生能够独立完成商品流通企业会计的全部工作，应采取阶段实训与综合实训相结合的原则,即在理论教学过程中,通过对知识点与能力点的分析,根据学生在学习中应掌握的能力要点,按照任务驱动教学法,将各能力点整合成单项实训指导,明确各单项任务的规范及范例,并通过具体的实训加以强化,使学生具备处理会计工作各环节业务的能力。在单项实训中,通过虚拟小型商品流通企业的一个会计期间的实际会计工作任务,采用真实的账证资料,以会计工作的业务循环为载体,指导学生完成从建账到日常处理、期末处理、编制会计报表等一个完整会计循环的全部商品流通核算工作,让学生全面掌握实际的商品流通企业会计工作的核算内容、步骤和操作方法,从而具备商品流通企业会计工作各岗位所必需的会计核算能力,同时培养其细致、准确、有条不紊的专业素质和心理素质;让学生掌握各项具体的会计工作如何通过不同的会计岗位协同完成,从而搭建起会计工作的整体框架,培养学生的全盘账务处理能力和各岗位的基本职业判断能力。

商品流通企业会计实训的内容及要求如表1.2所示。

表1.2　商品流通企业会计实训的内容及要求

实训任务		实训内容	实训要求
单项实训	任务一	批发商品购进的业务核算	1. 批发商品购进的一般业务程序及核算 2. 会计凭证的填制、审核与传递 3. 批发商品购进明细分类核算方法的选择与应用
	任务二	批发商品销售的业务核算	1. 批发商品销售的一般业务程序及核算 2. 不同商品交接方式及结算方式下的具体核算 3. 会计凭证的填制、审核与传递
	任务三	批发商品储存的业务核算	1. 库存商品核算的账簿设置及核对 2. 库存商品明细账的登记 3. 库存商品的盘点及处理 4. 库存商品的期末计价 5. 商品销售成本的计算与结转 6. 商品销售成本计算方法的选择
	任务四	零售商品购进的业务核算	1. 零售商品购进的一般业务程序及核算 2. 会计凭证的填制、审核与传递 3. 零售商品购进明细分类核算方法的选择与应用
	任务五	零售商品销售的业务核算	1. 零售商品销售的收款方式选择 2. 零售商品岗位凭证传递程序选择 3. 商品进、销、存日报表及内部缴款单的填报 4. 银行进账单及现金送款单的填制 5. 含税收入的转化
	任务六	零售商品储存的业务核算	1. 库存商品和商品进销差价明细账的设置与登记 2. 库存商品的盘点及处理 3. 库存商品的调价及处理 4. 库存商品的内部调拨及处理 5. 库存商品的削价及处理 6. 库存商品的期末计价及处理 7. 商品销售成本的计算结转

续表

实训任务	实训内容	实训要求
综合实训	商品流通企业综合会计业务处理	期初业务： 1. 初步掌握目标企业的经营方式、经营范围、会计核算流程、会计岗位设置及职责等概况 2. 熟练掌握企业各会计账户所采用的账簿形式、账页格式 3. 掌握建账的内容、方法和相关操作技能，能够根据企业资料独立完成建账工作 4. 熟练掌握目标企业批发商品流通和零售经营商品流通、自营商品流通和连锁经营商品流通的核算要点，能够根据不同的经营方式和经营对象选择恰当的商品流通核算方法 日常业务： 1. 确认各种商品流转业务并填制记账凭证 2. 登记日记账及相关明细账 3. 编制试算平衡表、科目汇总表并登记总账 期末业务： 1. 各种账项调整 2. 各种成本的计算 3. 损益的结转 4. 利润的计算 5. 对账 6. 结账 7. 编制资产负债表和利润表

四、商品流通企业会计实训的组织

商品流通企业会计实训采用手工会计实训模式，在具体组织实施时，对于单项实训和综合实训应采取不同的方式予以组织、实施。

（一）单项实训

建议采用分散组织形式，与本课程的理论教学内容进度同步交叉进行，充分运用课后时间来完成各单项实训。

（二）综合实训

对于综合实训，可以根据教学安排，适当选取以下方式组织实施。

1. "集中实训"方式。即安排在《商品流通企业会计》全部章节教学结束后，按记账凭证或科目汇总表核算形式，集中完成本实训资料的全部内容。

2. "设岗实训"方式。即安排在全部教学结束后，让学生每4人一组，组成一个实训小组，内设4个岗位，分别为会计主管、出纳员、制单员、记账员。岗位与其工作任务的关系及岗位职责如表1.3所示。

表 1.3 商品流通企业会计设岗实训职责分工表

岗　位	岗　位　职　责
会计主管	授权批准、稽核检查
出纳员	办理货币资金收付手续及日记账的登记
制单员	记账凭证的填制
记账员	记账、会计业务经办

（1）会计主管：负责审核各类账证，编制科目汇总表并据以登记总账，编制财务报表，进行财务分析。

（2）出纳员：负责办理收付款业务，填制各种收、付款的票据和结算凭证，编制收、付记账凭证，登记现金和银行存款日记账并定期进行银行对账工作。

（3）制单员：负责审核原始凭证，编制转账记账凭证和有关的原始凭证。

（4）记账员：负责审核各种记账凭证，登记有关的明细账。

设岗实训过程中，先分岗、再轮岗，在实训时间允许的情况下，最好经过 4 次轮换，使每名学生都将全部实训内容亲自操作一遍。

五、商品流通企业会计实训的评价

对于单项实训，由于是以培养学生掌握商品流通企业会计核算的单项技能为目的的，所以，其评价应纳入平时作业的范畴进行考核，其评价标准应按照《会计基础工作规范》及《企业会计准则》的要求进行。

对于综合实训的评价，应采取区别于理论知识的考核方式和单独的评价体系进行，其评价内容可包括正确性、规范性、实训态度和实训总结四个方面。对于正确性和规范性应以《会计基础工作规范》及《企业会计准则》为标准；实训态度应侧重于对实训过程的考核，对于过程考核不合格的，应采取一票否决制；实训总结的考核，采取实训报告的方式进行，侧重了解学生对实训会计工作的认识、理解和今后学习的规划。具体评价标准参照表 1.4。

表 1.4 商品流通企业会计综合实训评价标准

评价项目	评价项目详细划分	分　数	总分等级
正确性	原始凭证的填制	5	优：90 分以上 良：75～89 分 中：65～74 分 及格：60～64 分 不及格：60 分以下
	记账凭证的填制	10	
	建账	3	
	日记账的登记	3	
	明细账的登记	8	
	银行存款余额表（科目汇总表的编制）	3	
	总账的登记	5	
	结账	3	
	会计报表的编制	5	
	小计	45	

续表

评价项目	评价项目详细划分	分 数	总分等级
规范性	文字、数字书写规范	10	
	字迹清晰	5	
	装订整齐	5	
	会计资料整洁、美观	5	
	小计	25	优：90分以上
实训态度	按要求及时完成	3	良：75~89分
	操作细致、耐心	3	中：65~74分
	独立完成，不抄袭	4	及格：60~64分
	小计	10	不及格：60分以下
实训报告	内容完整准确，体会深刻、具体	10	
	文字流畅，层次分明	10	
	小计	20	
合　　计		100	

第二篇

商品流通企业会计实训规范

任务一　批发商品购进的业务核算

一、商品购进涉及的主要原始凭证

1. 收货单（或进仓单、商品验收单等），基本联次三联：存根联、结算联、入库联或收货联。

收　货　单

编号：01005

供货单位：湖南服装厂　　　2021 年 2 月 1 日　　　收货单位：批发部

货号	品名	规格	单位	应收数量	实收数量	单价	金　额
（略）	男西装		套	100		290.00	29 000.00
	女时装		套	100		205.00	20 500.00
合计							￥49 500.00

商品类别：服装类

结算联

收货人：刘　刚

收　货　单

编号：01005

供货单位：湖南服装厂　　　2021 年 2 月 1 日　　　存放地点：批发部仓库

货号	品名	规格	单位	应收数量	实收数量	单价	金　额
（略）	男西装		套	100	100	290.00	29 000.00
	女时装		套	100	100	205.00	20 500.00
合计							￥49 500.00

商品类别：服装类

入库联

收货人：刘　刚

2. 增值税专用发票，基本联次三联：记账联、抵扣联、发票联。财会部门以发票联入账，抵扣联单独保管以备税务机关检查。

广东增值税专用发票（抵扣联） № 14605XXX

4400000000　　开票日期：2021年2月7日

购买方	名　　称：燕华商贸有限公司 纳税人识别号：4400018631465 地　址、电话：广州市中山三路154号 83487965 开户行及账号：工商银行越秀支行 010-0134-10012335766	密码区	（略）

货物或应税劳务、服务名称	规格型号	单位	数量	单价	金额	税率	税额
散装糖果		千克	1525	4.20	6405.00	13%	832.65
合　　计					¥6405.00		¥832.65

价税合计（大写）　⊗柒仟贰佰叁拾柒圆陆角伍分　　　　（小写）¥7237.65

销售方	名　　称：东莞福田糖果厂 纳税人识别号：44000514034518 地　址、电话：（略）81276573 开户行及账号：工商银行 021-6539278	备注	（东莞福田糖果厂发票专用章）

收款人：李文广　　复核：张华月　　开票人：陈梅娟　　销售方：（章）

第二联：抵扣联　购买方扣税凭证

广东增值税专用发票（发票联） № 14605XXX

4400000000　　开票日期：2021年2月7日

购买方	名　　称：燕华商贸有限公司 纳税人识别号：4400018631465 地　址、电话：广州市中山三路154号 83487965 开户行及账号：工商银行越秀支行 010-0134-10012335766	密码区	（略）

货物或应税劳务、服务名称	规格型号	单位	数量	单价	金额	税率	税额
散装糖果		千克	1525	4.20	6405.00	13%	832.65
合　　计					¥6405.00		¥832.65

价税合计（大写）　⊗柒仟贰佰叁拾柒圆陆角伍分　　　　（小写）¥7237.65

销售方	名　　称：东莞福田糖果厂 纳税人识别号：44000514034518 地　址、电话：（略）81276573 开户行及账号：工商银行 021-6539278	备注	（东莞福田糖果厂发票专用章）

收款人：李文广　　复核：张华月　　开票人：陈梅娟　　销售方：（章）

第三联：发票联　购买方记账凭证

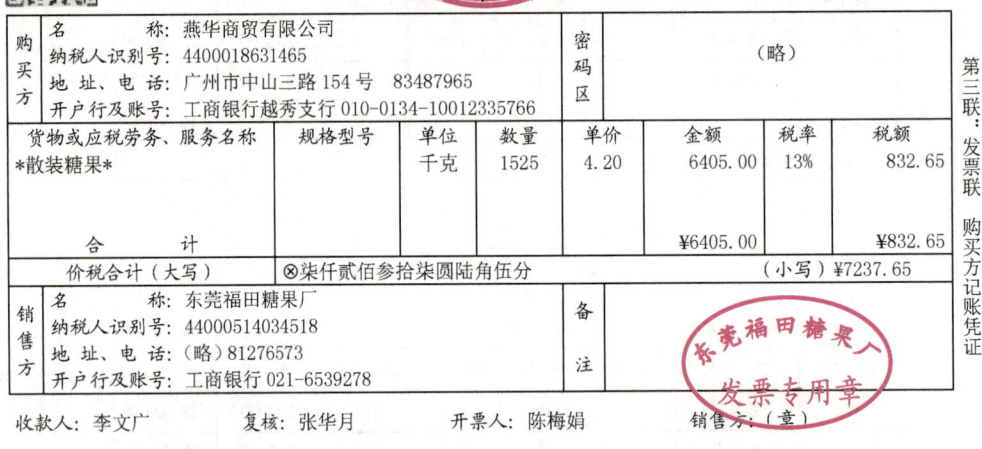

实务中，批发商品购进业务由业务部门与供货单位签订购销合同，合同一式三份，供货单位、业务部门和财会部门各留一份。业务部门根据供货单位开来的增值税专用发票，与合同核对相符后，即填制收货单，将增值税专用发票抵扣联、发票联和收货单结算联送交财会部门，财会部门审核无误后，作为付款的依据。购进的商品验收入库后，由批发部仓库将收货单入库联交财会部门，财会部门据此增加库存商品。

二、商品购进的明细分类核算范例

（一）平行登记法

在途物资明细分类账

进货批次	供货单位	借方 2021年 月	日	凭证号数	摘要	金额	贷方 2021年 月	日	凭证号数	摘要	金额	转销符号
1	西宁服装公司	1	23	2	承付货款收货单#101 #102	65 000	1	22	1	商品入库收货单#112	25 000	√
								25	4	商品入库收货单#113	40 000	
2	北京服装厂	1	27	5	支付货款收货单#118	32 000	1	24	3	商品入库收货单#114	32 000	√
3	中山服装公司	1	28	6	承付货款收货单#121	43 000						
4	杭州服装厂	1	30	7	承付货款收货单#136	58 000						
5	东莞服装厂						1	31	8	商品入库收货单#1143	27 000	

（二）抽单核对法

在途物资明细账采用以单代账方法（一般以收货单代），收货单结算联的加总金额表示付款，即在途物资账户借方金额；入库联的加总金额表示收货，即在途物资账户贷方金额。

（三）两种记账方法的对比

平行登记法和抽单核对法的优缺点对比如表2.1所示。

表2.1　两种记账方法优缺点对比

核算方法	记账方式	优　点	缺　点
平行登记法	用两栏式账页记载	能清楚地反映每批购进商品结算和验收入库的情况；便于加强对在途商品的管理；督促在途商品的及时到达；发生差错后，便于查找	核算工作量大，易发生悬账，往往拖延日久，账页长期不能结清
抽单核对法	以收货单代替账簿	能简化核算手续，节省人力、物力，提高核算的工作效率	以单代账，对在途商品的管理不够严密；发生差错时，查找比较困难

三、实训

（一）实训目的

通过实训，明确批发企业商品购进的一般业务程序及一般核算，掌握主要原始凭证的填制、传递及在途物资明细账的登记方法。

（二）实训资料

综合性商品流通企业燕华商贸有限公司为增值税一般纳税人；财务部人员及分工，各科

商品流通 企业会计实训（第3版）

目明细账的设置见第三篇综合实训部分；增值税税率：17%；纳税人识别号：4400018631465；开户银行：工商银行（简称工行）越秀支行；账号：010-0134-10012335766；单位地址：广州市中山三路154号；单位联系电话：83487965；公司法人：张燕华。

业务一

该公司3月份食品批发部发生的有关经济业务如下（业务处理引领，请扫描二维码观看）：

1.1/5 广东增值税专用发票 №14605XXX

抵扣联　开票日期：2021年3月3日

购买方	名称：燕华商贸有限公司 纳税人识别号：4400018631465 地址、电话：广州市中山三路154号　83487965 开户行及账号：工商银行越秀支行 010-0134-10012335766

货物或应税劳务、服务名称	规格型号	单位	数量	单价	金额	税率	税额
夹心饼干		盒	1000	11.80	11800.00	13%	1534.00
曲奇饼干		盒	800	9.60	7680.00	13%	998.40
合计					¥19480.00		¥2532.40

价税合计（大写）　⊗贰万贰仟零壹拾贰圆肆角整　（小写）¥22012.40

销售方	名称：徐记饼干厂 纳税人识别号：44000514034518 地址、电话：（略）81276573 开户行及账号：工商银行 021-564-32335672366

备注：徐记饼干厂发票专用章

收款人：李文奇　复核：张华　开票人：陈小娟　销售方：（章）

1.2/5 广东增值税专用发票 №14605XXX

发票联　开票日期：2021年3月3日

购买方	名称：燕华商贸有限公司 纳税人识别号：4400018631465 地址、电话：广州市中山三路154号　83487965 开户行及账号：工商银行越秀支行 010-0134-10012335766

货物或应税劳务、服务名称	规格型号	单位	数量	单价	金额	税率	税额
夹心饼干		盒	1000	11.80	11800.00	13%	1534.00
曲奇饼干		盒	800	9.60	7680.00	13%	998.40
合计					¥19480.00		¥2532.40

价税合计（大写）　⊗贰万贰仟零壹拾贰圆肆角整　（小写）¥22012.40

销售方	名称：徐记饼干厂 纳税人识别号：44000514034518 地址、电话：（略）81276573 开户行及账号：工商银行 021-564-32335672366

收款人：李文奇　复核：张华　开票人：陈小娟　销售方：（章）

1.3/5 收货单

编号：01101

供货单位：徐记饼干厂　2021年3月3日　收货部门：批发部仓库

货号	品名	规格	单位	应收数量	实收数量	单价	金额
（略）	夹心饼干		盒	1000		11.80	11,800.00
	曲奇饼干		盒	800		9.60	7,680.00
合计							¥19,480.00

商品类别：食品类

收货人：刘刚

1.4/5

收 货 单

编号：01101

供货单位：徐记饼干厂　　　2021年3月3日　　　收货部门：批发部仓库

货号	品名	规格	单位	应收数量	实收数量	单价	金额
（略）	夹心饼干		盒	1000	1000	11.80	11,800.00
	曲奇饼干		盒	800	800	9.60	7,680.00
合 计							¥19,480.00

入库联

商品类别：食品类

收货人：刘刚

1.5/5

中国工商银行 支票存根 XVI0013698019 附加信息＿＿＿＿＿ ＿＿＿＿＿＿＿＿＿ 出票日期　年　月　日 收款人： 金　额： 用　途： 单位主管　　会计	本支票付款期限十天	中国工商银行支票（粤）　　　XVI0013698019 出票日期(大写)　　　年　　月　　日　付款行名称： 收款人：　　　　　　　　　　　　　　 出票人账号： 人民币 (大写)　　　　　　　　　　　亿千百十万千百十元角分 用途：＿＿＿＿＿＿ 上列款项请从 我账户内支付 出票人签章　　　　　　　　　复核　　　　　　　记账

2.1/5

广东增值税专用发票　　№ 14605XXX

4400000000　　抵扣联　　开票日期：2021年3月3日

业务二

购买方	名　　称：	燕华商贸有限公司	密码区	（略）
	纳税人识别号：	4400018631465		
	地址、电话：	广州市中山三路154号　83487965		
	开户行及账号：	工商银行越秀支行 010-0134-10012335766		

货物或应税劳务、服务名称	规格型号	单位	数量	单价	金额	税率	税额
夹心饼干		盒	850	12.60	10710.00	13%	1392.30
合　　计					¥10710.00		¥1392.30
价税合计（大写）	⊗壹万贰仟壹佰零贰圆叁角整				（小写）¥12102.30		

销售方	名　　称：	东莞大华食品厂	备注	（东莞大华食品厂 发票专用章）
	纳税人识别号：	44000514034695		
	地址、电话：	（略）82276575		
	开户行及账号：	工商银行 618954678052463		

第二联：抵扣联　购买方扣税凭证

收款人：李浩　　复核：张月　　开票人：陈小丽　　销售方：（章）

商品流通企业会计实训（第3版）

2.2/5 广东增值税专用发票　№ 14605XXX

发票联　开票日期：2021年3月3日

4400000000

购买方	名　称	燕华商贸有限公司	密码区	（略）
	纳税人识别号	4400018631465		
	地址、电话	广州市中山三路154号 83487965		
	开户行及账号	工商银行越秀支行 010-0134-10012335766		

货物或应税劳务、服务名称	规格型号	单位	数量	单价	金额	税率	税额
夹心饼干		盒	850	12.60	10710.00	13%	1392.30
合　　　计					¥10710.00		¥1392.30

价税合计（大写）　⊗壹万贰仟壹佰零贰圆叁角整　（小写）¥12102.30

销售方	名　称	东莞大华食品厂	备注	东莞大华食品厂 发票专用章
	纳税人识别号	44000514034695		
	地址、电话	（略）82276475		
	开户行及账号	工商银行 618954678052463		

收款人：李浩　　复核：张月　　开票人：陈小丽　　销售方：（章）

第三联：发票联　购买方记账凭证

2.3/5 委托收款凭证（付款通知）5

委托号码：第C0303号
委托日期：2014年3月3日　付款日期：2021年3月3日

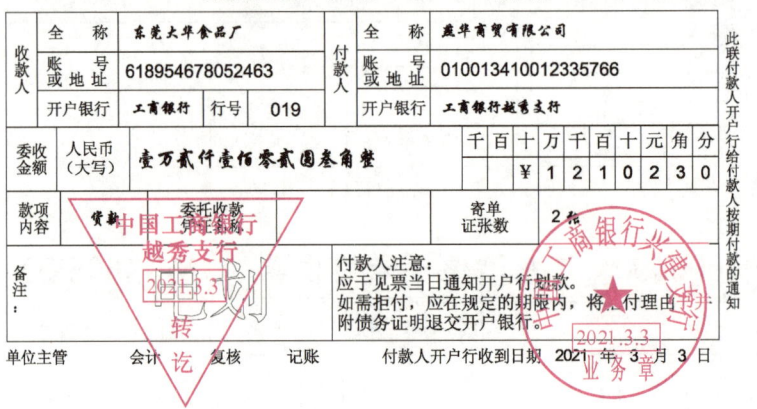

收款人	全　称	东莞大华食品厂	付款人	全　称	燕华商贸有限公司
	账号或地址	618954678052463		账号或地址	0100134100012335766
	开户银行	工商银行　行号 019		开户银行	工商银行越秀支行

委收金额	人民币（大写）	壹万贰仟壹佰零贰圆叁角整	千百十万千百十元角分 ¥ 1 2 1 0 2 3 0

款项内容	货款	寄单证张数	2张

备注：

付款人注意：
应于见票当日通知开户行划款。
如需拒付，应在规定的期限内，将人付理由书附债务证明退交开户银行。

单位主管　会计　复核　记账　　付款人开户行收到日期　2021年3月3日

中国工商银行越秀支行 2021.3.3 转讫
中国工商银行越秀支行 2021.3.3 业务章

2.4/5 托收承付 委收收款　结算部分拒付款理由书（回单或支款通知）1

委托日期：2021年3月3日

付款人	全　称	燕华商贸有限公司	收款人	全　称	东莞大华食品厂
	账号或地址	0100134100012335766		账号或地址	618954678052463
	开户银行	工商银行越秀支行　行号 019		开户银行	工商银行　行号 019

托收金额	¥12,102.30	拒付金额	12,102.30	部分付款金额	千百十万千百十元角分

附寄单证	2张	部分付款金额（大写）	

拒付理由：质量不符

付款人 盖章

中国工商银行越秀支行 2021.3.3 业务章

此联回单或给付款通知人

代管商品收货单

2021 年 3 月 3 日

来货单位：东莞大华食品厂　　　　　　　　　编号：00016

商品品名	单位	数量	代管原因
夹心饼干	盒	850	退货

广东增值税专用发票 抵扣联　№ 14605XXX

4400000000　　开票日期：2021 年 3 月 7 日

购买方	名　称：燕华商贸有限公司 纳税人识别号：4400018631465 地址、电话：广州市中山三路154号　83487965 开户行及账号：工商银行越秀支行 010-0134-10012335766	密码区	（略）

货物或应税劳务、服务名称	规格型号	单位	数量	单价	金额	税率	税额
夹心饼干		盒	400	11.80	4720.00	13%	613.60
曲奇饼干		盒	300	9.60	2880.00	13%	374.40
合　　计					¥7600.00		¥988.00
价税合计（大写）	⊗捌仟伍佰捌拾捌圆整				（小写）¥8588.00		

销售方	名　称：东莞大华食品厂 纳税人识别号：44000514034695 地址、电话：（略）82276575 开户行及账号：工商银行 618954678052463	备注	（东莞大华食品厂 发票专用章）

收款人：李浩　　复核：张月　　开票人：陈小丽　　销售方：(章)

广东增值税专用发票 发票联　№ 14605XXX

4400000000　　开票日期：2021 年 3 月 7 日

购买方	名　称：燕华商贸有限公司 纳税人识别号：4400018631465 地址、电话：广州市中山三路154号　83487965 开户行及账号：工商银行越秀支行 010-0134-10012335766	密码区	（略）

货物或应税劳务、服务名称	规格型号	单位	数量	单价	金额	税率	税额
夹心饼干		盒	400	11.80	4720.00	13%	613.60
曲奇饼干		盒	300	9.60	2880.00	13%	374.40
合　　计					¥7600.00		¥988.00
价税合计（大写）	⊗捌仟伍佰捌拾捌圆整				（小写）¥8588.00		

销售方	名　称：东莞大华食品厂 纳税人识别号：44000514034695 地址、电话：（略）82276575 开户行及账号：工商银行 618954678052463	备注	（东莞大华食品厂 发票专用章）

收款人：李浩　　复核：张月　　开票人：陈小丽　　销售方：(章)

3.3/4 委电

委托收款凭证（付款通知） 5

委托号码：第C0307号
委托日期：2021年3月7日　　付款日期：2021年3月7日

收款人	全称	东莞大华食品厂	付款人	全称	蓝华商贸有限公司
	账号或地址	618954678052463		账号或地址	0100134100123335766
	开户银行	工商银行　行号 019		开户银行	工商银行越秀支行

委收金额（人民币大写）：捌仟伍佰捌拾捌元整　¥85880 0

款项内容：货款
凭证名称：
寄单证张数：1张

付款人注意：
应于见票当日通知开户行付款。
如需拒付，应在规定的期限内，将拒付理由书并附债务证明退交开户银行。

此联付款人开户行给付款人按期付款的通知

单位主管　会计　复核　记账　付款人开户行收到日期：2021年3月7日

3.4/4

收 货 单

编号：01102

供货单位：东莞大华食品厂　　2021年3月7日　　收货部门：批发部

货号	品名	规格	单位	应收数量	实收数量	单价	金额
（略）	夹心饼干		盒	400		11.80	4,720.00
	曲奇饼干		盒	300		9.60	2,880.00
合计							¥7,600.00

商品类别：食品类

收货人：刘刚

---

4. 10日，开出支票，预付本市东方食品厂货款 18 000 元。

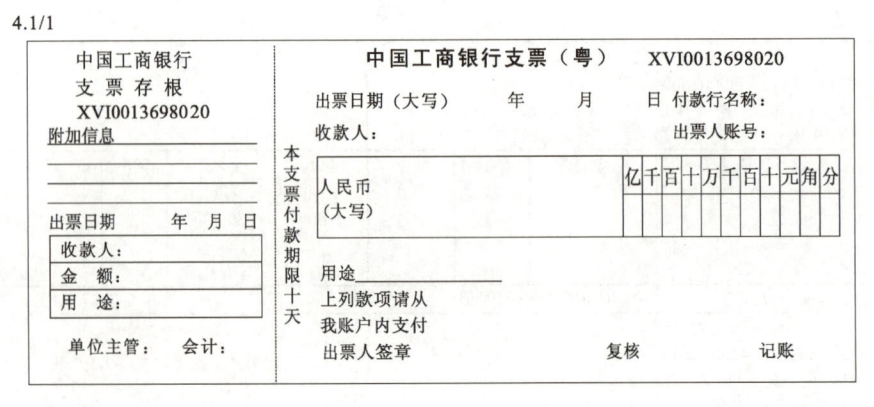

4.1/1

中国工商银行
支票存根
XVI0013698020
附加信息
出票日期　年　月　日
收款人：
金　额：
用　途：
单位主管：　会计：

中国工商银行支票（粤）　XVI0013698020

出票日期（大写）　年　月　日　付款行名称：
收款人：　　　　　　　　　　　出票人账号：

人民币（大写）　亿千百十万千百十元角分

用途：
上列款项请从
我账户内支付
出票人签章　　　复核　　记账

业务四

5.1/2 收　货　单

编号：01102

供货单位：东莞大华食品厂　　2021年3月12日　　存放地点：批发部仓库

货号	品名	规格	单位	应收数量	实收数量	单价	金额
（略）	夹心饼干		盒	400	378	11.80	4,460.40
	曲奇饼干		盒	300	310	9.60	2,976.00
合计							￥7,436.40

商品类别：食品类

入库联

收货人：刘刚

业务五

5.2/2 商品购进短缺溢余报告单

年　月　日　　编号：00081

货号	品名	单位	应收数量	实收数量	单价	短缺数量	短缺金额	溢余数量	溢余金额
合计									

供货单位：东莞大华食品厂
专用发票号码：44000514034695

处理意见：　　溢余或短缺原因：待查

制单：刘明

6. 13日，收到对购进商品溢缺的处理意见：

（1）夹心饼干短少22盒，其中，2盒是自然损耗；10盒属运输部门丢失，已协商由运输部门赔偿，暂未收到赔偿款；另10盒属供货方少发货，经协商由供货单位补发，现补发商品已收入库。

（2）曲奇饼干溢余10盒，属供货方多发货，经协商由本公司补作购进，但价税款尚未补付。

6.1/4 商品购进短缺溢余报告单

年　月　日　　编号：00081

货号	品名	单位	应收数量	实收数量	单价	短缺数量	短缺金额	溢余数量	溢余金额
合计									

供货单位：东莞大华食品厂
专用发票号码：44000514034695

处理意见：　　溢余或短缺原因：

业务六

制单：刘明

收货单

6.2/4

编号：01103

供货单位：东莞大华食品厂　　2021年3月13日　　存放地点：批发部仓库

货号	品名	规格	单位	应收数量	实收数量	单价	金额
（略）	夹心饼干		盒	10	10	11.80	118.00
合计							¥118.00

商品类别：食品类

收货人：刘刚

入库联

6.3/4

4400000000　广东增值税专用发票　№ 14605XXX

抵扣联

开票日期：2021年3月13日

购买方	名　称：燕华商贸有限公司 纳税人识别号：4400018631465 地址、电话：广州市中山三路154号　83487965 开户行及账号：工商银行越秀支行 010-0134-10012335766	密码区	（略）

货物或应税劳务、服务名称	规格型号	单位	数量	单价	金额	税率	税额
曲奇饼干		盒	10	9.60	96.00	13%	12.48
合计					¥96.00		¥12.48

价税合计（大写）：⊗壹佰零捌圆肆角捌分　　　（小写）¥108.48

销售方	名　称：东莞大华食品厂 纳税人识别号：44000514034695 地址、电话：（略）82276575 开户行及账号：工商银行 618954678052463	备注	（东莞大华食品厂发票专用章）

收款人：李浩　　复核：张月　　开票人：陈小丽　　销售方：（章）

第二联：抵扣联　购买方扣税凭证

6.4/4

4400000000　广东增值税专用发票　№ 14605XXX

发票联

开票日期：2021年3月13日

购买方	名　称：燕华商贸有限公司 纳税人识别号：4400018631465 地址、电话：广州市中山三路154号　83487965 开户行及账号：工商银行越秀支行 010-0134-10012335766	密码区	（略）

货物或应税劳务、服务名称	规格型号	单位	数量	单价	金额	税率	税额
曲奇饼干		盒	10	9.60	96.00	13%	12.48
合计					¥96.00		¥12.48

价税合计（大写）：⊗壹佰零捌圆肆角捌分　　　（小写）¥108.48

销售方	名　称：东莞大华食品厂 纳税人识别号：44000514034695 地址、电话：（略）82276575 开户行及账号：工商银行 618954678052463	备注	（东莞大华食品厂发票专用章）

收款人：李浩　　复核：张月　　开票人：陈小丽　　销售方：（章）

第三联：发票联　购买方记账凭证

7.1/5

销货更正单
2021年3月18日

购货单位：燕华商贸有限公司　　原发货单位编号：8569　　日期：2021.3.3　　单位：元

项目	规格、品名	单位	数量	单价	金额	税率(%)	税额
原来	夹心饼干		1000	11.80	11,800	13	1,534.00
更正				11.30	11,300		1,469.00
原来	曲奇饼干		800	9.60	7,680		988.40
更正				10.00	8,000		1,040.00

应收应付：人民币（大写）贰佰壹拾元零陆角整　　应收¥　　应付¥ 210.60

更正原因：价格变动

制表：张丽莎

业务七

7.2/5

4400000000　**广东增值税专用发票**　№ 14605XXX

销项负数　　**发票联**　　开票日期：2021年3月18日

购买方	名　称：燕华商贸有限公司 纳税人识别号：4400018631465 地址、电话：广州市中山三路154号　83487965 开户行及账号：工商银行越秀支行 010-0134-10012335766	密码区	（略）

货物或应税劳务、服务名称	规格型号	单位	数量	单价	金额	税率	税额
夹心饼干		盒	-1000	0.50	-500.00	13%	-65.00
合　　计					¥-500.00		¥-65.00

价税合计（大写）　⊗（负数）伍佰陆拾伍圆整　　（小写）¥-565.00

销售方	名　称：徐记饼干厂 纳税人识别号：44000514034518 地址、电话：（略）81276573 开户行及账号：工商银行 021-564-32335672366	备注	略

收款人：李文奇　　复核：张华　　开票人：陈小娟　　销售方：（章）

第三联：发票联　购买方记账凭证

7.3/5

4400000000　**广东增值税专用发票**　№ 14605XXX

销项负数　　**抵扣联**　　开票日期：2021年3月18日

购买方	名　称：燕华商贸有限公司 纳税人识别号：4400018631465 地址、电话：广州市中山三路154号　83487965 开户行及账号：工商银行越秀支行 010-0134-10012335766	密码区	（略）

货物或应税劳务、服务名称	规格型号	单位	数量	单价	金额	税率	税额
夹心饼干		盒	-1000	0.50	-500.00	13%	-65.00
合　　计					¥-500.00		¥-65.00

价税合计（大写）　⊗（负数）伍佰陆拾伍圆整　　（小写）¥-565.00

销售方	名　称：徐记饼干厂 纳税人识别号：44000514034518 地址、电话：（略）81276573 开户行及账号：工商银行 021-564-32335672366	备注	略

收款人：李文奇　　复核：张华　　开票人：陈小娟　　销售方：（章）

第二联：抵扣联　购买方扣税凭证

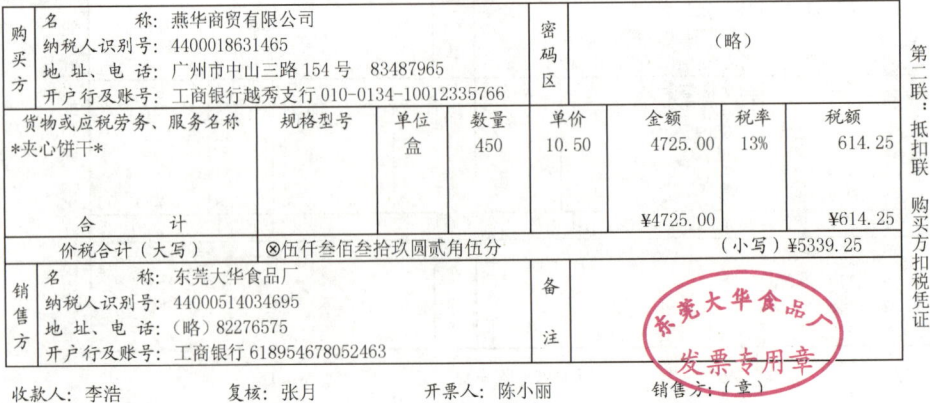

广东增值税专用发票 №14605XXX

抵扣联　开票日期：2021年3月18日

7.4/5　4400000000

购买方	名称：燕华商贸有限公司 纳税人识别号：4400018631465 地址、电话：广州市中山三路154号 83487965 开户行及账号：工商银行越秀支行 010-0134-10012335766	密码区	（略）

货物或应税劳务、服务名称	规格型号	单位	数量	单价	金额	税率	税额
曲奇饼干		盒	800	0.40	320.00	13%	41.60
合　计					¥320.00		¥41.60

价税合计（大写）：⊗叁佰陆拾壹圆陆角整　（小写）¥361.60

销售方	名称：徐记饼干厂 纳税人识别号：44000514034518 地址、电话：（略）81276573 开户行及账号：工商银行 021-564-32335672366	备注	（徐记饼干厂 发票专用章）

收款人：李文奇　　复核：张华　　开票人：陈小娟　　销售方：（章）

第二联：抵扣联　购买方扣税凭证

广东增值税专用发票 №14605XXX

发票联　开票日期：2021年3月18日

7.5/5　4400000000

购买方	名称：燕华商贸有限公司 纳税人识别号：4400018631465 地址、电话：广州市中山三路154号 83487965 开户行及账号：工商银行越秀支行 010-0134-10012335766	密码区	（略）

货物或应税劳务、服务名称	规格型号	单位	数量	单价	金额	税率	税额
曲奇饼干		盒	800	0.40	320.00	13%	41.60
合　计					¥320.00		¥41.60

价税合计（大写）：⊗叁佰陆拾壹圆陆角整　（小写）¥361.60

销售方	名称：徐记饼干厂 纳税人识别号：44000514034518 地址、电话：（略）81276573 开户行及账号：工商银行 021-564-32335672366	备注	（徐记饼干厂 发票专用章）

收款人：李文奇　　复核：张华　　开票人：陈小娟　　销售方：（章）

第三联：发票联　购买方记账凭证

广东增值税专用发票 №14605XXX

抵扣联　开票日期：2021年3月18日

8.1/8　4400000000

业务八

购买方	名称：燕华商贸有限公司 纳税人识别号：4400018631465 地址、电话：广州市中山三路154号 83487965 开户行及账号：工商银行越秀支行 010-0134-10012335766	密码区	（略）

货物或应税劳务、服务名称	规格型号	单位	数量	单价	金额	税率	税额
夹心饼干		盒	450	10.50	4725.00	13%	614.25
合　计					¥4725.00		¥614.25

价税合计（大写）：⊗伍仟叁佰叁拾玖圆贰角伍分　（小写）¥5339.25

销售方	名称：东莞大华食品厂 纳税人识别号：44000514034695 地址、电话：（略）82276575 开户行及账号：工商银行 618954678052463	备注	（东莞大华食品厂 发票专用章）

收款人：李浩　　复核：张月　　开票人：陈小丽　　销售方：（章）

第二联：抵扣联　购买方扣税凭证

8.2/8

4400000000 广东增值税专用发票 № 14605XXX

发票联　开票日期：2021 年 3 月 18 日

购买方	名　称：	燕华商贸有限公司	密码区	（略）
	纳税人识别号：	4400018631465		
	地　址、电　话：	广州市中山三路 154 号　83487965		
	开户行及账号：	工商银行越秀支行 010-0134-10012335766		

货物或应税劳务、服务名称	规格型号	单位	数量	单价	金额	税率	税额
夹心饼干		盒	450	10.50	4725.00	13%	614.25
合　计					¥4725.00		¥614.25

价税合计（大写）　⊗伍仟叁佰叁拾玖圆贰角伍分　　（小写）¥5339.25

销售方	名　称：	东莞大华食品厂	备注	（东莞大华食品厂 发票专用章）
	纳税人识别号：	44000514034695		
	地　址、电　话：	（略）82276575		
	开户行及账号：	工商银行 618954678052463		

收款人：李浩　　复核：张月　　开票人：陈小丽　　销售方：（章）

第三联：发票联　购买方记账凭证

8.3/8

收　货　单

编号：01104

供货单位：东莞大华食品厂　　2021 年 3 月 18 日　　收货部门：批发部

货号	品名	规格	单位	应收数量	实收数量	单价	金额
（略）	夹心饼干		盒	450		10.50	4,725.00
合计							¥4,725.00

商品类别：食品类

收货人：刘刚

结算联

8.4/8

收　货　单

编号：01104

供货单位：东莞大华食品厂　　2021 年 3 月 18 日　　存放地点：批发部仓库

货号	品名	规格	单位	应收数量	实收数量	单价	金额
（略）	夹心饼干		盒	450	450	10.50	4,725.00
合计							¥4,725.00

商品类别：食品类

收货人：刘刚

入库联

8.5/7

广东增值税专用发票 （抵扣联） №14605XXX

4400000000

开票日期：2021年3月18日

购买方	名　　称：燕华商贸有限公司 纳税人识别号：4400018631465 地　址、电　话：广州市中山三路154号　83487965 开户行及账号：工商银行越秀支行　010-0134-10012335766	密码区	（略）

货物或应税劳务、服务名称	规格型号	单位	数量	单价	金额	税率	税额
运费		次	1	150.00	137.61	9%	12.39
合　　计					¥137.61		¥12.39
价税合计（大写）　⊗壹佰伍拾圆整					（小写）¥150.00		

销售方	名　　称：满飞物流公司 纳税人识别号：4400039564236 地　址、电　话：广州市东风东路197号　86531363 开户行及账号：工商银行东风路支行　662631881234123	备注	（满飞物流公司 发票专用章）

收款人：　　　　复核：　　　　开票人：刘云飞　　　　销售方：（章）

第二联：抵扣联 购买方抵扣凭证

8.6/8

广东增值税专用发票 （发票联） №14605XXX

4400000000

开票日期：2021年3月18日

购买方	名　　称：燕华商贸有限公司 纳税人识别号：4400018631465 地　址、电　话：广州市中山三路154号　83487965 开户行及账号：工商银行越秀支行　010-0134-10012335766	密码区	（略）

货物或应税劳务、服务名称	规格型号	单位	数量	单价	金额	税率	税额
运费		次	1	150.00	137.61	9%	12.39
合　　计					¥137.61		¥12.39
价税合计（大写）　⊗壹佰伍拾圆整					（小写）¥150.00		

销售方	名　　称：满飞物流公司 纳税人识别号：4400039564236 地　址、电　话：广州市东风东路197号　86531363 开户行及账号：工商银行东风路支行　662631881234123	备注	（满飞物流公司 发票专用章）

收款人：　　　　复核：　　　　开票人：刘云飞　　　　销售方：（章）

第三联：发票联 购买方发票凭证

8.7/8

中国工商银行 支票存根 XVI0013698021 附加信息 出票日期　　年　月　日 收款人： 金　额： 用　途： 单位主管：　　会计：	中国工商银行支票（粤）　XVI0013698021 出票日期(大写)　　年　　月　　日　付款行名称： 收款人：　　　　　　　　　　　　　出票人账号： 人民币 (大写)　　　　　　　　　亿千百十万千百十元角分 本支票付款期限十天 用途 上列款项请从 我账户内支付 出票人签章　　　　　　复核　　　　记账

8.8/8

托收凭证（付款通知） 5

委托日期 2021年3月18日　　付款期限 2021年3月18日

业务类型	委托收款（□邮划 □电划）	托收承付（□邮划 ☑电划）	
付款人	全称	燕华商贸有限公司	此联付款人开户行给付款人按期付款的通知
	账号	4400018631465	
	开户银行	工商银行越秀支行	
收款人	全称	东莞大华食品厂	
	账号	618954678052463	
	开户银行	工商银行	

金额	人民币（大写）	伍仟叁佰叁拾玖圆贰角伍分	￥5339.25

款项名称	货款	托收凭证名称		附寄单证张数	2

商品发运情况：
合同名称号码：

备注：付款人开户银行收到日期 2021.3.18
复核　记账　转讫

（中国工商银行越秀支行 2021.3.18 业务章）

9.1/4

广州市国家税务局
企业进货退出及索取折让证明单

No. 2567832

业务九

第三联：购货单位留存

销货单位	全称	东莞大华食品厂
	税务登记号	44000514034695

进货退出	货物名称	单价	数量	货款	税额
	夹心饼干	10.50	450	4725	614.25

索取折让	货物名称	货款	税额	要求	
				折让金额	折让税额

退货或索取折让理由	变质 经办人：××× 2021年3月22日	税务征收机关签章 2021年3月22日

购货单位	全称	燕华商贸有限公司
	税务登记号	4400018631465

* 本证明单一式三联：
　第一联，征收机关留存；第二联，交销货单位留存；第三联，购货单位留存。

9.2/4

进货退出单

编号：01711

供货单位：东莞大华食品厂　　　2021年3月22日　　　存放地点：批发部仓库

货号	品名	规格	单位	应退数量	实退数量	单价	金　额
	夹心饼干		盒	450	450	10.50	¥4,725.00

商品类别　食品类

出库联

收货人：刘刚

9.3/4

广东增值税专用发票　　№ 14605XXX

4400000000

销项负数

开票日期：2021年3月22日

购买方	名　称：燕华商贸有限公司 纳税人识别号：4400018631465 地　址、电话：广州市中山三路154号 83487965 开户行及账号：工商银行越秀支行 010-0134-10012335766	密码区	（略）

货物或应税劳务、服务名称	规格型号	单位	数量	单价	金额	税率	税额
夹心饼干		盒	-450	10.50	-4725.00	13%	-614.25
合　　计					¥-4725.00		¥-614.25

价税合计（大写）　⊗（负数）伍仟叁佰叁拾玖圆贰角伍分　（小写）¥-5339.25

销售方	名　称：东莞大华食品厂 纳税人识别号：44000514034695 地　址、电话：（略）82276575 开户行及账号：工商银行 618954678052463	备注	东莞大华食品厂 发票专用章

收款人：李浩　　复核：张月　　开票人：陈小丽　　销售方：（章）

第三联：发票联　购买方记账凭证

9.4/4

广东增值税专用发票　　№ 14605XXX

4400000000

销项负数

开票日期：2021年3月22日

购买方	名　称：燕华商贸有限公司 纳税人识别号：4400018631465 地　址、电话：广州市中山三路154号 83487965 开户行及账号：工商银行越秀支行 010-0134-10012335766	密码区	（略）

货物或应税劳务、服务名称	规格型号	单位	数量	单价	金额	税率	税额
夹心饼干		盒	-450	10.50	-4725.00	13%	-614.25
合　　计					¥-4725.00		¥-614.25

价税合计（大写）　⊗（负数）伍仟叁佰叁拾玖元贰角伍分　（小写）¥-5339.25

销售方	名　称：东莞大华食品厂 纳税人识别号：44000514034695 地　址、电话：（略）82276575 开户行及账号：工商银行 618954678052463	备注	东莞大华食品厂 发票专用章

收款人：李浩　　复核：张月　　开票人：陈小丽　　销售方：（章）

第二联：抵扣联　购买方扣税凭证

10.22 日，到银行办理银行汇票一张用于采购，汇票金额 18 000 元。

10.1/3

中国工商银行汇票申请书（存根） 1　　第　号

申请日期　　年　月　日

业务十

申请人		收款人	顺德海达食品公司
账号或住址		账号或住址	618954678052413
用途		代理付款行	工商银行

汇票金额　人民币（大写）　　千百十万千百十元角分

备注：（中国工商银行越秀支行 2021.3.22 转讫）

科　目＿＿＿＿＿＿
对方科目＿＿＿＿＿＿

财务主管　　复核　　经办

10.2/3

付款期限 壹个月

银行汇票 2　　编号：191716

出票日期：　年　月　日　　代理付款行：　　行号：

收款人：	
出票金额：人民币：（大写）	千百十万千百十元角分
实际结算金额：人民币：（大写）	
申请人：蓝华商贸有限公司	账号：010-0134-10012335766
出票行：工商银行越秀支行	多余金额　千百十万千百十元角分
备注：	左侧退回多余金额已收入你账户内
出票行签章：（中国工商银行越秀支行 2021.3.22 汇票专用章）	

此联出票行结清多余款后交申请人

10.3/3

中国工商银行**广州市分行越秀支行**(收据)

2021 年 3 月 22 日

缴款人名称	蓝华商贸有限公司			账　号	010-0134-10012335766
收费名称	数量	单价	金　额 十万千百十元角分	备　注	
银行汇票手续费	1	5.00	5 0 0	款项已从你单位账户转讫。 银行盖章：（中国工商银行越秀支行 2021.3.22 转讫）	
合　计			￥5 0 0		
人民币（大写）伍元整					

此联由银行盖章后交客户

11.1/6

广东增值税专用发票 №14605XXX

抵扣联

开票日期：2021年3月22日

购买方	名称	燕华商贸有限公司					
	纳税人识别号	4400018631465					
	地址、电话	广州市中山三路154号 83487965					
	开户行及账号	工商银行越秀支行 010-0134-10012335766					

密码区：（略）

货物或应税劳务、服务名称	规格型号	单位	数量	单价	金额	税率	税额
运费		次	1	200.00	183.49	9%	16.51
合计					¥183.49		¥16.51

价税合计（大写）：⊗ 贰佰圆整　　（小写）¥200.00

销售方	名称	顺德大通物流公司
	纳税人识别号	44001234123412
	地址、电话	（略）85631234
	开户行及账号	工商银行顺德支行 6662123456789

备注：（顺德大通物流公司 发票专用章）

收款人：　　复核：　　开票人：刘云飞　　销售方：（章）

11.2/6

广东增值税专用发票 №14605XXX

发票联

开票日期：2021年3月22日

购买方	名称	燕华商贸有限公司					
	纳税人识别号	4400018631465					
	地址、电话	广州市中山三路154号 83487965					
	开户行及账号	工商银行越秀支行 010-0134-10012335766					

密码区：（略）

货物或应税劳务、服务名称	规格型号	单位	数量	单价	金额	税率	税额
运费		次	1	200.00	183.49	9%	16.51
合计					¥183.49		¥16.51

价税合计（大写）：⊗ 贰佰圆整　　（小写）¥200.00

销售方	名称	顺德大通物流公司
	纳税人识别号	44001234123412
	地址、电话	（略）85631234
	开户行及账号	工商银行顺德支行 6662123456789

备注：（顺德大通物流公司 发票专用章）

收款人：　　复核：　　开票人：刘云飞　　销售方：（章）

业务十一

11.3/6

广东增值税专用发票 №14605XXX

抵扣联

开票日期：2021年3月22日

购买方	名称	燕华商贸有限公司					
	纳税人识别号	4400018631465					
	地址、电话	广州市中山三路154号 83487965					
	开户行及账号	工商银行越秀支行 010-0134-10012335766					

密码区：（略）

货物或应税劳务、服务名称	规格型号	单位	数量	单价	金额	税率	税额
曲奇饼干		盒	1600	9.10	14560.00	13%	1892.80
合计					¥14560.00		¥1892.80

价税合计（大写）：⊗ 壹万陆仟肆佰伍拾贰圆捌角整　　（小写）¥16452.80

销售方	名称	顺德海达食品公司
	纳税人识别号	44000514034691
	地址、电话	（略）82276571
	开户行及账号	工商银行 618954678052413

备注：（顺德海达食品公司 发票专用章）

收款人：李浩　　复核：张月　　开票人：陈小丽　　销售方：（章）

11.4/6

广东增值税专用发票 № 14605XXX

4400000000

发票联　　开票日期：2021年3月22日

购买方	名称：燕华商贸有限公司 纳税人识别号：4400018631465 地址、电话：广州市中山三路154号 83487965 开户行及账号：工商银行越秀支行 010-0134-10012335766	密码区	（略）

货物或应税劳务、服务名称	规格型号	单位	数量	单价	金额	税率	税额
曲奇饼干		盒	1600	9.10	14560.00	13%	1892.80
合计					¥14560.00		¥1892.80

价税合计（大写）	⊗壹万陆仟肆佰伍拾贰圆捌角整	（小写）¥16452.80

销售方	名称：顺德海达食品公司 纳税人识别号：4400051 4034691 地址、电话：（略）82276571 开户行及账号：工商银行 618954678052413	备注	（顺德海达食品公司 发票专用章）

收款人：李浩　　复核：张月　　开票人：陈小丽　　销售方：（章）

第三联：发票联　购买方记账凭证

11.5/6

收 货 单

编号：01105

供货单位：顺德海达食品公司　　2021年3月22日　　收货部门：批发部

货号	品名	规格	单位	应收数量	实收数量	单价	金额
（略）	曲奇饼干		盒	1600		9.10	14,560.00
合计							¥14,560.00

商品类别：食品类

结算联

收货人：刘刚

11.6/6

中国工商银行
银行汇票　2

付款期限 壹个月	编号：191716

出票日期：　年　月　日　　代理付款行：　　行号：

收款人：	
出票金额：人民币：（大写）	千百十万千百十元角分
实际结算金额：人民币：（大写）	千百十万千百十元角分

申请人：燕华商贸有限公司	账号：010-0134-10012335766
出票行：工商银行越秀支行	
备注：	多余金额　左侧退回多余金额已收入你账户内 千百十万千百十元角分
出票行签章：（工商银行越秀支行 汇票专用章 2021.3.22）	

此联出票行结清多余款后交申请人

12.1/1

中国工商银行
银行汇票(多余款收账通知) 4

编号：191716

| 付款期限 壹个月 | 出票日期： 年 月 日　代理付款行：　行号： |

业务十二

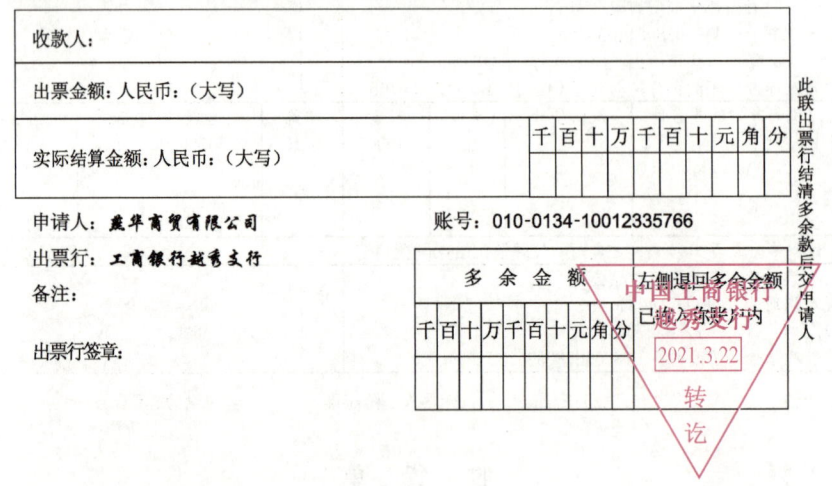

收款人：	
出票金额：人民币：（大写）	千百十万千百十元角分
实际结算金额：人民币：（大写）	千百十万千百十元角分
申请人：燕华商贸有限公司	账号：010-0134-10012335766
出票行：工商银行越秀支行	多余金额 千百十万千百十元角分
备注：	
出票行签章：	

此联出票行结清多余款后交申请人
右侧退回多余金额已划入你单位户内

（印章：中国工商银行越秀支行 2021.3.22 转讫）

13.1/1

收 货 单

编号：01105

供货单位：顺德海达食品公司　　2021年3月22日　　存放地点：批发部仓库

货号	品名	规格	单位	应收数量	实收数量	单价	金额
（略）	曲奇饼干		盒	1600	1600	9.10	14,560.00
合计				1600	1600		¥14,560.00

入库联

商品类别：食品类　　　　　　　　　　　　　　　　　收货人：刘 刚

14.1/5

广东增值税专用发票　　№ 14605XXX
抵扣联　　开票日期：2021年3月30日

4400000000

购买方	名　　称：燕华商贸有限公司 纳税人识别号：4400018631465 地　址、电　话：广州市中山三路154号　83487965 开户行及账号：工商银行越秀支行 010-0134-10012335766	密码区	（略）

货物或应税劳务、服务名称	规格型号	单位	数量	单价	金额	税率	税额
夹心饼干		盒	1300	12.00	15600.00	13%	2028.00
合　计					¥15600.00		¥2028.00

价税合计（大写）　⊗壹万柒仟陆佰贰拾捌圆整　　　（小写）¥17628.00

销售方	名　　称：广州东方食品厂 纳税人识别号：44000514034576 地　址、电　话：（略）21276579 开户行及账号：工商银行 021-45891364283	备注	（广州东方食品厂发票专用章）

第二联：抵扣联 购买方扣税凭证

收款人：张亚文　　复核：李利娜　　开票人：王洪飞　　销售方：（章）

14.2/5

4400000000	广东增值税专用发票	№ 14605XXX
	发票联	开票日期：2021年3月30日

购买方	名　　称	燕华商贸有限公司	密码区	（略）
	纳税人识别号	4400018631465		
	地　址、电　话	广州市中山三路154号 83487965		
	开户行及账号	工商银行越秀支行 010-0134-10012335766		

货物或应税劳务、服务名称	规格型号	单位	数量	单价	金额	税率	税额
夹心饼干		盒	1300	12.00	15600.00	13%	2028.00
合　　　计					¥15600.00		¥2028.00
价税合计（大写）	⊗壹万柒仟陆佰贰拾捌圆整				（小写）¥17628.00		

销售方	名　　称	广州东方食品厂	备注	
	纳税人识别号	4400514034576		
	地　址、电　话	（略）21276579		
	开户行及账号	工商银行 021-45891364283		

（广州东方食品厂 发票专用章）

收款人：张亚文　　复核：李利娜　　开票人：王洪飞　　销售方：（章）

第三联：发票联 购买方记账凭证

14.3/5

收　货　单

供货单位：广州东方食品厂　　2021年3月30日　　收货部门：批发部　　编号：01106

货号	品名	规格	单位	应收数量	实收数量	单价	金额
（略）	夹心饼干		盒	1300		12.00	15,600.00
合计							¥15,600.00

商品类别：食品类

结算联

收货人：刘刚

14.4/5

收　货　单

供货单位：广州东方食品厂　　2021年3月30日　　存放地点：批发部仓库　　编号：01106

货号	品名	规格	单位	应收数量	实收数量	单价	金额
（略）	夹心饼干		盒	1300	1300	12.00	15,600.00
合计							¥15,600.00

商品类别：食品类

入库联

收货人：刘刚

14.5/5

中国工商银行 支票存根 XVI0013698022	中国工商银行支票（粤）　XVI0013698022
附加信息	出票日期（大写）　年　月　日　付款行名称：
	收款人：　　　　　　　　　　　　　出票人账号：
	人民币（大写）　　　　　　　　亿千百十万千百十元角分
出票日期　年　月　日	
收款人：	
金　额：	用途：
用　途：	上列款项请从我账户内支付
单位主管：　会计：	出票人签章　　　　　复核　　　记账

本支票付款期限十天

15.1/1

收 货 单

编号：01107

供货单位：徐记饼干厂　　　2021年3月31日　　　存放地点：批发部仓库

货 号	品 名	规 格	单 位	应收数量	实收数量	单 价	金 额	
（略）	曲奇饼干		盒	800	800	9.50	7,600.00	入库联
合计				800	800		￥7,600.00	

商品类别：食品类

收货人：刘 刚

（三）实训要求

1. 根据经济事项填制有关的原始凭证；
2. 根据原始凭证填制记账凭证（暂不编凭证号）；
3. 登记如下在途物资明细分类账。

在途物资明细分类账

进货批次	供货单位	借方 年 月 日	凭证号数	摘要	金额	贷方 年 月 日	凭证号数	摘要	金额	转销符号
1										
2										
3										
4										
5										

任务二　批发商品销售的业务核算

一、实训目的

通过实训，明确批发企业商品销售的一般业务程序及一般核算，掌握主要原始凭证的填制、传递以及据以填制记账凭证的技能方法。

二、实训资料

综合性商品流通企业燕华商贸有限公司，食品批发部有商品夹心饼干（售价15.50元），曲奇饼干（售价11.60元），3月份发生的有关经济业务如下（该部门商品成本的结转采用月末集中结转方式）。

1.4日，销售给成都佳佳商场夹心饼干600盒，曲奇饼干300盒。

1.1/2 广东增值税专用发票 № 14605XXX

4400000000

此联不作报销 抵扣税凭证使用　开票日期：　年　月　日

购买方	名　称：	成都佳佳商场
	纳税人识别号：	2400016583762
	地　址、电　话：	（略）25647967
	开户行及账号：	工商银行010-0754-10057567355

密码区　（略）

货物或应税劳务、服务名称	规格型号	单位	数量	单价	金额	税率	税额
合　　计							

价税合计（大写）		（小写）

销售方	名　称：	
	纳税人识别号：	
	地　址、电　话：	
	开户行及账号：	

备注：（燕华商贸有限公司 发票专用章）

收款人：　　　复核：　　　开票人：　　　销售方：（章）

第一联：记账联　销售方记账凭证

1.2/2 中国工商银行 信汇凭证 4（收款通知或取款依据） 第　号

委托日期：2021年3月4日　　应解汇款编号：

收款人	全　称	燕华商贸有限公司	汇款人	全　称	成都佳佳商场
	账号或地址	010-0134-10012335766		账号	010-0754-10057567355
	开户银行	工行越秀支行 汇出行名称		开户银行	工行朝阳支行 汇入行名称

汇票金额（人民币大写）	壹万肆仟玖佰伍拾贰圆陆角整	￥14952.60

汇出用途：支付货款（饼干）

上列款项已代进账，如有错误，请持此联，来行面洽	上列款项已照收无误	科目 对方科目 汇入行解汇　年　月　日
（中国工商银行朝阳支行 汇入行签章 2021.3.4）	（中国工商银行越秀支行 业务章 2021.3.4 收款人盖章）	（国工商银行朝阳支行 2021.3.4）复核 记账 出纳

2.5日，由于商品进货成本调整，通知成都佳佳商场临时调价，夹心饼干600盒，单价调低0.60元；曲奇饼干300盒，单价调高0.30元。

2.1/3 销货更正单

年　月　日

购货单位：　　　原发货单位编号：　　　日期：　　　单位：元

项目	规格、品名	单位	数量	单价	金额	税率（%）	税额
原来							
更正							
原来							
更正							
应收应付	人民币（大写）				应收￥ 应付￥		
更正原因							

制表：

2.2/3 广东增值税专用发票 № 14605XXX

4400000000

此联不作报销、扣税凭证使用　开票日期：　年　月　日

购买方	名　称：	成都佳佳商场			密码区	（略）		
	纳税人识别号：	2400016583762						
	地址、电话：	（略）25647967						
	开户行及账号：	工商银行020-0754-10057567355						

货物或应税劳务、服务名称	规格型号	单位	数量	单价	金额	税率	税额
合　计							

价税合计（大写）		（小写）

销售方	名　称：		备注	
	纳税人识别号：			
	地址、电话：			
	开户行及账号：			

收款人：　　　　复核：　　　　开票人：　　　　销售方：（章）

2.3/3 广东增值税专用发票 № 14605XXX

4400000000　销项负数

此联不作报销、扣税凭证使用　开票日期：　年　月　日

购买方	名　称：	成都佳佳商场			密码区	（略）		
	纳税人识别号：	2400016583762						
	地址、电话：	（略）25647967						
	开户行及账号：	工商银行020-0754-10057567355						

货物或应税劳务、服务名称	规格型号	单位	数量	单价	金额	税率	税额
合　计							

价税合计（大写）		（小写）

销售方	名　称：		备注	
	纳税人识别号：			
	地址、电话：			
	开户行及账号：			

收款人：　　　　复核：　　　　开票人：　　　　销售方：（章）

3. 5日，销售给广州市家乐商场夹心饼干200盒。

3.1/2 广东增值税专用发票 № 14605XXX

4400000000

此联不作报销之扣税凭证使用　开票日期：　年　月　日

购买方	名　称：	广州市家乐商场			密码区	（略）		
	纳税人识别号：	4400025639583						
	地　址、电话：	（略）22054963						
	开户行及账号：	工商银行020-0329-1002564896						
货物或应税劳务、服务名称	规格型号	单位	数量	单价	金额	税率	税额
合　计							
价税合计（大写）					（小写）		
销售方	名　称：				备注	（燕华商贸有限公司 发票专用章）		
	纳税人识别号：							
	地　址、电话：							
	开户行及账号：							

收款人：　　　复核：　　　开票人：　　　销售方：（章）

第一联：记账联　销售方记账凭证

3.2/2　　中国工商银行　进账单（回单）　　　1

年　月　日

出票人	全　称		收票人	全　称	
	账　号			账　号	
	开户银行			开户银行	
人民币（大写）				亿千百十万千百十元角分	
票据种类		票据张数			
票据号码				开户银行盖章	
	复核　　记账				

此联是开户银行交给持（出）票人回单

4.7日，家乐商场发现盒装夹心饼干包装盒有破损，同意其在价格上给予10%的折让要求。

4.1/2 广东增值税专用发票 № 14605XXX

4400000000

销项负数　此联不作报销之扣税凭证使用　开票日期：　年　月　日

购买方	名　称：	广州市家乐商场			密码区	（略）		
	纳税人识别号：	4400025639583						
	地　址、电话：	（略）22054963						
	开户行及账号：	工商银行020-0329-1002564896						
货物或应税劳务、服务名称	规格型号	单位	数量	单价	金额	税率	税额
合　计							
价税合计（大写）					（小写）		
销售方	名　称：				备注	（燕华商贸有限公司 发票专用章）		
	纳税人识别号：							
	地　址、电话：							
	开户行及账号：							

收款人：　　　复核：　　　开票人：　　　销售方：（章）

第一联：记账联　销售方记账凭证

4.2/2

广州市国家税务局
企业进货退出及索取折让证明单

No.6751

销货单位	全 称				
	税务登记号				

进货退出	货物名称	单价	数量	货款	税额

索取折让	货物名称	货款	税额	要求	
				折让金额	折让税额

第二联：销货单位留存

退货或索取折让理由	包装破损 经办人：××× 单位签章： 年 月 日	税务征收机关签章	经办人： 年 月 日

购货单位	全 称	
	税务登记号	

* 本证明单一式三联：
第一联，征收机关留存；第二联，交销货单位留存；第三联，购货单位留存。

5. 7日，以手续费方式委托东莞市大明商场代销曲奇饼干500盒，按进货单价10.60元发出商品，手续费率10%。

5.1/1　　　　　　　　　委托代销商品移库单

委字第　号　　　　　　　年　月　日　　　　　付货部门：批发部

收货单位：						代销合同协字：295 号				
货号	品名	规格	单位	数量	进价		代销价		手续费	
					单价	金额	单价	金额	比例	金额
		合计								

批准：刘明　　　收货人：　　　发货人：刘刚　　　制单：刘刚

6. 18日，销售给大新商场夹心饼干500盒，曲奇饼干400盒，在购销合同中承诺给予购货方如下现金折扣条件：2/10、1/20、N/30。

6.1/1

广东增值税专用发票 № 14605XXX

4400000000

此联不作报销抵税凭证使用　开票日期：　年　月　日

购买方	名　　　称：	大新商场	密码区	（略）
	纳税人识别号：	4400018645642		
	地　址、电　话：	（略）39656432		
	开户行及账号：	工商银行020-0146-10025364877		

货物或应税劳务、服务名称	规格型号	单位	数量	单价	金额	税率	税额
合　　　计							

价税合计（大写）		（小写）

销售方	名　　　称：		备注	
	纳税人识别号：			
	地　址、电　话：			
	开户行及账号：			

收款人：　　　　　复核：　　　　　开票人：　　　　　销售方：（章）

第一联：记账联　销售方记账凭证

7.19日，根据合同，销售给揭阳市万联商场夹心饼干200盒。

7.1/5

广东增值税专用发票 № 14605XXX

4400000000

此联不作报销抵税凭证使用　开票日期：　年　月　日

购买方	名　　　称：	揭阳市万联商场	密码区	（略）
	纳税人识别号：	3509291458473		
	地　址、电　话：	（略）83487965		
	开户行及账号：	工商银行 02-5964-3212		

货物或应税劳务、服务名称	规格型号	单位	数量	单价	金额	税率	税额
合　　　计							

价税合计（大写）		（小写）

销售方	名　　　称：		备注	
	纳税人识别号：			
	地　址、电　话：			
	开户行及账号：			

收款人：　　　　　复核：　　　　　开票人：　　　　　销售方：（章）

第一联：记账联　销售方记账凭证

7.2/5

托收承付　凭证　（承付　通知）　5　第　号
　　　　　　　　　（支款）
委托日期：　年　月　日　　　托收号码：

付款人	全　称		收款人	全　称			
	账号或地址			账号或地址			
	开户银行			开户银行		工行	行号

托收金额	人民币（大写）		千百十万千百十元角分

附件	商品发运情况	合同名称号码
附寄单证张数或册数	略	××

备注：　　　　　　　　付款人注意：
　　　　　　　　　　　　（略）

单位主管：　会计：　复核：　记账：　付款人开户银行盖章　月　日

此联是付款人开户银行通知付款人按期承付货款的承付支款通知

---

35 | PAGE

广东增值税专用发票 抵扣联 № 14605XXX

代码：4400000000
开票日期：2021年3月19日

购买方	名称：燕华商贸有限公司 纳税人识别号：4400018631465 地址、电话：广州市中山三路154号 83487965 开户行及账号：工商银行越秀支行 010-0134-10012335766	密码区	（略）

货物或应税劳务、服务名称	规格型号	单位	数量	单价	金额	税率	税额
运费		次	1	50.00	45.87	9%	4.13
合　计					¥45.87		¥4.13

价税合计（大写）： ⊗伍拾圆整　　（小写）¥50.00

销售方	名称：揭阳货运公司 纳税人识别号：444304000813600 地址、电话：揭阳市石鼓区三江路1号 86004000 开户行及账号：建设银行621492000006123	备注	（揭阳货运公司发票专用章）

收款人：刘琪　　复核：张美　　开票人：陈小丽　　销售方：（章）

第二联：抵扣联 购买方扣税凭证

广东增值税专用发票 发票联 № 14605XXX

代码：4400000000
开票日期：2021年3月22日

购买方	名称：燕华商贸有限公司 纳税人识别号：4400018631465 地址、电话：广州市中山三路154号 83487965 开户行及账号：工商银行越秀支行 010-0134-10012335766	密码区	（略）

货物或应税劳务、服务名称	规格型号	单位	数量	单价	金额	税率	税额
运费		次	1	50.00	45.87	9%	4.13
合　计					¥45.87		¥4.13

价税合计（大写）： ⊗伍拾圆整　　（小写）¥50.00

销售方	名称：揭阳货运公司 纳税人识别号：444304000813600 地址、电话：揭阳市石鼓区三江路1号 86004000 开户行及账号：建设银行621492000006123	备注	（揭阳货运公司发票专用章）

收款人：刘琪　　复核：张美　　开票人：陈小丽　　销售方：（章）

第三联：发票联 购买方记账凭证

7.5/5

中国工商银行 支票存根 XVI0013698023	中国工商银行支票（粤） XVI0013698023
附加信息 _____ _____ 出票日期　年　月　日 收款人： 金　额： 用　途： 单位主管：　会计：	出票日期（大写）　年　月　日　付款行名称： 收款人：　　　　　　　　　出票人账号： 人民币（大写）　亿千百十万千百十元角分 用途_____ 上列款项请从我账户内支付 出票人签章　　　　复核　　记账

8.20日，成都佳佳商场提出4日所购饼干变质，要求全部退货，现同意退货。

8.1/3

收 货 单

编号：198801

供货单位：　　　　　　　年　月　日　　存放地点：批发部仓库

货号	品名	规格	单位	应收数量	实收数量	单价	金额
合计							

商品类别：

入库联

收货人：刘刚

8.2/3

4400000000　广东增值税专用发票　№ 14605XXX

销项负数　此联不作报销抵税凭证使用　开票日期：　年　月　日

购买方	名　称：成都佳佳商场 纳税人识别号：2400016583762 地　址、电话：（略）25647967 开户行及账号：工商银行 020-0754-10057567355	密码区

货物或应税劳务、服务名称	规格型号	单位	数量	单价	金额	税率	税额
合　计							

价税合计（大写）　　　　　　　　　　　　　　　（小写）

销售方	名　称： 纳税人识别号： 地　址、电话： 开户行及账号：	备注

收款人：　　　复核：　　　开票人：　　　销售方：（章）

第一联：记账联　销售方记账凭证

8.3/3

成都市国家税务局
企业进货退出及索取折让证明单

No.0567

销货单位	全称				
	税务登记号				

进货退出	货物名称	单价	数量	货款	税额

索取折让	货物名称	货款	税额	要求 折让金额	折让税额

第二联：销货单位留存

退货或索取折让理由：变质 经办人：××× 税务征收机关签章 经办人：
单位签章： 年 月 日 年 月 日

购货单位	全称	
	税务登记号	

* 本证明单一式三联：
第一联，征收机关留存；第二联，交销货单位留存；第三联，购货单位留存。

9.22日，分期收款销售给广州长江商场曲奇饼干1500盒，进货单价9.60元，根据合同规定分两次收款，第一次于发货时按应收价税总额的50%收款，第二次于下月月末收款。

9.1/2

4400000000　广东增值税专用发票　№ 14605×××

此联不作报销、扣税凭证使用　开票日期：　年 月 日

购买方	名　称：	广州长江商场	密码区	
	纳税人识别号：	4400026356142		
	地址、电话：	（略）83264572		
	开户行及账号：	工商银行020-5124-368924		

货物或应税劳务、服务名称	规格型号	单位	数量	单价	金额	税率	税额
合　计							

价税合计（大写）		（小写）

销售方	名　称：		备注
	纳税人识别号：		
	地址、电话：		
	开户行及账号：		

收款人：　　　复核：　　　开票人：　　　销售方：（章）

第一联：记账联　销售方记账凭证

9.2/2

分期收款发出商品出库单

委托方：　　　　年 月 日　　　受托方：

品　名	单位	数量	进价		售价	
			单价	金额	单价	金额
合　计						

出库地点：批发部仓库　　　保管员：刘刚

10.23日，业务员到汕头保安商场购进夹心饼干500盒，曲奇饼干600盒，并直运销售给东莞三和超市。

10.1/8 广东增值税专用发票（抵扣联） № 14605XXX

开票日期：2021年3月23日

购买方	名称：燕华商贸有限公司 纳税人识别号：4400018631465 地址、电话：广州市中山三路154号 83487965 开户行及账号：工商银行越秀支行 010-0134-10012335766	密码区（略）

货物或应税劳务、服务名称	规格型号	单位	数量	单价	金额	税率	税额
夹心饼干		盒	500	12.10	6050.00	13%	786.50
曲奇饼干		盒	600	9.52	5712.00	13%	742.56
合　计					¥11762.00		¥1529.06

价税合计（大写）⊗壹万叁仟贰佰玖拾壹圆陆分　　（小写）¥13291.06

销售方	名称：汕头保安商场 纳税人识别号：35640023121563 地址、电话：（略）7564321 开户行及账号：农业银行 01-5672

备注：（加盖"汕头保安商场发票专用章"）

收款人：王佳　　复核：刘阳华　　开票人：张健　　销售方：（章）

10.2/8 广东增值税专用发票（发票联） № 14605XXX

开票日期：2021年3月23日

购买方	名称：燕华商贸有限公司 纳税人识别号：4400018631465 地址、电话：广州市中山三路154号 83487965 开户行及账号：工商银行越秀支行 010-0134-10012335766	密码区（略）

货物或应税劳务、服务名称	规格型号	单位	数量	单价	金额	税率	税额
夹心饼干		盒	500	12.10	6050.00	13%	786.50
曲奇饼干		盒	600	9.52	5712.00	13%	742.56
合　计					¥11762.00		¥1529.06

价税合计（大写）⊗壹万叁仟贰佰玖拾壹圆陆分　　（小写）¥13291.06

销售方	名称：汕头保安商场 纳税人识别号：35640023121563 地址、电话：（略）7564321 开户行及账号：农业银行 01-5672

备注：（加盖"汕头保安商场发票专用章"）

收款人：王佳　　复核：刘阳华　　开票人：张健　　销售方：（章）

10.3/8 直运商品收货单

编号：080301

供货单位：汕头保安商场　　2021年 3 月 23 日　　存放地点：批发部仓库

货号	品名	规格	单位	应收数量	实收数量	单价	金额
	夹心饼干		盒	500	500	12.10	6,050.00
	曲奇饼干		盒	600	600	9.52	5,712.00
合计							¥11,762.00

商品类别：食品类

收货人：刘刚

39

10.4/8 委托收款凭证（付款通知）5

委托号码：第C0302号
委托日期：2021年3月23日
付款日期：2021年3月23日

收款人	全称	汕头保安商场	付款人 全称	盛华商贸有限公司
	账号或地址	01-5672	账号或地址	010-0134-10012335766
	开户银行	农业银行 行号 019	开户银行	工商银行越秀支行

委收金额 人民币（大写）：壹万壹仟柒佰陆拾壹元零陆分
¥ 1 3 2 9 1 0 6

款项内容：货款
委托收款凭证名称
寄单证张数：1张

付款人注意：
应于见票当日通知开户行划款
如需拒付，应在规定的期限内将拒付理由书并附债务证明退交开户行

付款人开户行收到日期：2014年3月23日

此联付款人开户行给付款人按期付款的通知

10.5/8 直运商品发货单

编号：080301

供货单位：汕头保安商场　　2021年3月23日　　存放地点：批发部仓库

货号	品名	规格	单位	应发数量	实发数量	单价	金额
	夹心饼干		盒	500	500	12.10	6,050.00
	曲奇饼干		盒	600	600	9.52	5,712.00
合计							¥11,762.00

商品类别：食品类

收货人：刘刚

出库联

10.6/8 托收凭证（回单）1

编号：561207
委托日期：2021年3月23日　　付款期限　年月日

业务类：委托收款（□邮划□电划）　托收承付（□邮划□电划）

付款人	全称	东莞三和超市	收款人 全称	盛华商贸有限公司
	账号	025-96132	账号	010-0134-10012335766
	开户银行	建设银行	开户银行	工商银行越秀支行

金额 人民币（大写）：
亿千百十万千百十元角分

款项名称：托收凭证名称
附寄单证张数

商品发运情况：　　合同名称号码

备注：

此联是收款人开户银行给收款人的回单

10.7/8

4400000000　广东增值税专用发票　№ 14605XXX

此联不作报销、扣税凭证使用　开票日期：2021年3月23日

购买方	名　　称：东莞三和超市 纳税人识别号：56000025432612 地址、电话：（略）83672546 开户行及账号：建设银行 025-96132	密码区	

货物或应税劳务、服务名称	规格型号	单位	数量	单价	金额	税率	税额
合　　计							

价税合计（大写）　　　　　　　　　　　　　　　　（小写）

销售方	名　　称： 纳税人识别号： 地址、电话： 开户行及账号：	备注	（燕华商贸有限公司 发票专用章）

收款人：　　　　复核：　　　　开票人：　　　　销售方：（章）

第一联：记账联　销售方记账凭证

10.8/8

中国工商银行
支　票　存　根
XVI0013698024
附加信息

出票日期：2021年3月23日
收款人：东莞物流公司
金　额：¥50.00
用　途：垫付运费

单位主管：邓顺义　会计：张小亚

11. 26日，委托东莞市大明商场代销的商品售完。

11.1/2

代销商品销售清单

2021年 3 月 26 日　　　　字第 089 号

受托方：东莞市大明商场			委托方：燕华商贸公司				代销合同协字 295 号		
货号	品名	规格	单位	数量		代销价		增值税额	手续费
				来货	已销	单价	金额		比例	金额
	曲奇饼干		盒	500	500	11.60	5800.00	986.00	10%	580.00

11.2/2

广东增值税专用发票 № 14605XXX

4400000000

此联不作报销抵扣税凭证使用　开票日期：2021年3月26日

购买方	名　　称：	东莞市大明商场		密码区	
	纳税人识别号：	56000025433619			
	地　址、电　话：	（略）86725673			
	开户行及账号：	工商银行 026-59164			

货物或应税劳务、服务名称	规格型号	单位	数量	单价	金额	税率	税额
合　　　计							

价税合计（大写）		（小写）

销售方	名　　称：	
	纳税人识别号：	
	地　址、电　话：	
	开户行及账号：	

备注：（盖章：鑫华商贸有限公司 发票专用章）

收款人：　　　复核：　　　开票人：　　　销售方：（章）

第一联：记账联　销售方记账凭证

12. 26日，收到河源市永旺公司预付货款20 000元。

12.1/1　　　　中国工商银行　进账单（回单）　　1

　　　　　　　　　　　年　月　日

出票人	全　称		收票人	全　称	
	账　号			账　号	
	开户银行			开户银行	

人民币（大写）		亿千百十万千百十元角分

票据种类		票据张数	
票据号码			

复核　　记账　　　　　　　　　开户银行盖章

此联是开户银行交给持（出）票人回单

13. 28日，收到大新商场开来转账支票，系支付前欠货款及增值税税款。

13.1/1　　　　中国工商银行　进账单（回单）　　1

　　　　　　　　　　　年　月　日

出票人	全　称		收票人	全　称	
	账　号			账　号	
	开户银行			开户银行	

人民币（大写）		亿千百十万千百十元角分

票据种类		票据张数	
票据号码			

复核　　记账　　　　　　　　　开户银行盖章

此联是开户银行交给持（出）票人回单

14. 30 日，销售给河源市永旺公司夹心饼干 500 盒，曲奇饼干 1000 盒。

14.1/2

广东增值税专用发票 № 14605XXX

4400000000

此联不作报销抵扣凭证使用　开票日期：2021 年 3 月 30 日

购买方	名　　称	河源市永旺公司				密码区			
	纳税人识别号	62000015642531							
	地　址、电　话	（略）3721564							
	开户行及账号	工商银行05-21964							

货物或应税劳务、服务名称	规格型号	单位	数量	单价	金额	税率	税额
合　　　计							
价税合计（大写）					（小写）		

销售方	名　　称		备注	
	纳税人识别号			
	地　址、电　话			
	开户行及账号			

收款人：　　　　　复核：　　　　　开票人：　　　　　销售方：（章）

第一联：记账联　销售方记账凭证

14.2/2

中国工商银行　进账单（回单）　1

年　月　日

出票人	全　称		收票人	全　称	
	账　号			账　号	
	开户银行			开户银行	

人民币（大写）		亿千百十万千百十元角分

票据种类		票据张数	
票据号码			

复核　　　记账　　　　　　　　开户银行盖章

此联是开户银行交给持（出）票人回单

三、实训要求

1. 根据经济事项填制有关的原始凭证。
2. 根据原始凭证填制记账凭证（暂不编凭证号）。

任务三　批发商品储存的业务核算

一、库存商品核算的账簿设置及核对

（一）库存商品的账簿设置

一般要在三个部门（业务、仓库、财会）设置商品账。财会部门的商品账一般实行三级设置：库存商品总账、库存商品类目账、库存商品明细账。各部门需设置的有关账簿及登记要点如表 2.2 所示。

表 2.2　各部门的账簿及登记要点

部门	库存商品总账	库存商品类目账	库存商品明细账	设置目的
业务			√进价或售价的数量单价	可调库存
仓库			√数量	保管库存
财会	√进价金额	√进价金额	√数量、单价、进价金额	会计库存

(二) 会计部门库存商品账的核对

```
库存商品    总账       =  类目账           =  明细账
            一级账      =  二级账           =  三级账
            只记进价金额    按商品大类名称设置    按商品的品名规格设置
                           只记进价金额        记进价金额、数量、单价
            一级       =  二级             =  三级    =  四级（仓库账）
            实务中月末对账  账账相符            账账相符    账实相符
```

若账账不符：则查找错账，进行错账更正
若账实不符：先挂待处理，再查找原因，进行转销。（商品溢余短缺的核算）
实物的记录与账面余额进行数量核对
　　=　　账实相符
　　>　　盘盈(商品溢余)(商品溢余报告单)
　　<　　盘亏(商品短缺)(商品损耗报告单)

二、库存商品明细账的登记

(一) 库存商品明细账的登记方法

库存商品明细账

账户名称：××商品　　　　　　　　　　　　　　　计量单位：××

业务	收入 数量	收入 单价	收入 金额	业务	发出 数量	发出 单价	发出 金额	业务	结存 数量	结存 单价	结存 金额
购进收货单	√	√	√	销售发货票	√			平时	√		
进货退出红字收货单	☑	√	☑	销货退回红字发货票	☑			期初期末及需要时	√	√	√
加工收回委托加工商品计算单	√	√	√	加工发出委托加工商品发料单		√	√				
商品溢余溢余报告单	√	√	√	商品短缺损耗报告单	√	√	√				
进货补价发货票			√								
进货退价红字发货票			☑								

（二）库存商品明细账的登记范例

库存商品明细账

类别 文具　　货号 105　　品名 胶水　　规格 ____　　单位 瓶　　牌价 1.65元

2021年		凭证号数	摘要	收入				发出				结存		存放地点		
月	日			购进数量	其他数量	单价	金额	销售数量	其他数量	单价	金额	数量	单金价额	甲库	乙库	待运
2	1	05	购进	24 000		1.55	37 200.00					24 000		24 000		
	2	09	进货补价			0.05	1 200.00					24 000		24 000		
	2	13	进货退出		500	1.60	800.00					23 500		23 500		
	7	35	销售					12 000				11 500		11 500		
	9	42	销货退回						1 000			12 500		12 500		
	10	53	分期收款发出商品					7 000		1.60	11 200.00	5 500		5 500		
	12	57	商品加工收回	6 000		1.60	9 600.00					11 500		11 500		
	12	58	商品发出加工					5 000		1.60	8 000.00	6 500		6 500		
	15	70	商品盘点溢余		10	1.60	16.00					6 510		6 510		
	15	72	商品盘点短缺						15	1.60	24.00	6 495		6 495		
	15	73	开单待运									6 495		6 495		4 000

三、库存商品的盘点及处理

（一）商品盘存表

批发商品盘存表

部门：食品批发部　　2021年2月28日　　第1页共2页

品名	单位	单价	账面结存		实际盘存		账存与实存差异		
			数量	金额	数量	金额	余（＋）缺（－）	数量	金额
夹心饼干	盒	11.20	1520	17 024.00	1525	17 080.00	＋	5	56.00
曲奇饼干	盒	9.50	865	8 217.50	860	8 170.00	－	5	47.50
合计				25 241.50		25 250.00			8.50

部门负责人：杨浩　　监盘人：杨浩　　实物负责人：刘刚　　制表：刘刚

（二）商品盘点短缺溢余报告单

商品盘点短缺溢余报告单　　编号：086504

商品名称	计量单位	单价	账存数量	实存数量	短缺		溢余		原因
					数量	金额	数量	金额	
夹心饼干	盒	11.20	1520	1525			5	56.00	供货方多发货，立即补付价款
曲奇饼干	盒	9.50	865	860	5	47.50			保管员承担责任
合计						47.50		56.00	

制单：刘刚

四、库存商品的期末计价

存货可变现净值低于成本报告单

填报部门：批发部　　　　　2021 年 2 月 28 日

品名	规格	计量单位	成本单价	可变现单价	单位减值额	结存数量	减值金额	减值原因
女时装		套	210.00	180.00	30.00	1 650	49 500.00	式样陈旧
合计	—		—	—	—		49 500.00	

审核：邓顺义　　　　　　　制表人：张小亚

五、商品销售成本的计算结转

【实例】甲商品 3 月初结存 200 件，单价 1 元，计 200 元。3 月份内发生以下购销业务：

9 日，购进 300 件，单价 1.1 元，计 330 元；

10 日，销售 150 件；

12 日，销售 50 件；

16 日，销售 200 件；

18 日，购进 400 件，单价 1.16 元，计 464 元；

24 日，销售 300 件；

30 日，购进 100 件，单价 1.26 元，计 126 元。

即：本月购进甲商品共计 800 件，计 920 元；本月销售甲商品共计 700 件；月末结存甲商品 300 件。

（一）加权平均法

库存商品明细账

商品名称：甲商品　　　　　　　　　　　　　　　　　　计量单位：件

日期	摘要	收入 数量	收入 单价	收入 金额	发出 数量	发出 单价	发出 金额	结存 数量	结存 单价	结存 金额
1	期初							200	1	200
9	购进	300	1.10	330				500		
10	销售				150			350		
12	销售				50			300		
16	销售				200			100		
18	购进	400	1.16	464				500		
24	销售				300			200		
30	购进	100	1.26	126				300		
31	销售成本						784	300	1.12	336
31	本月合计	800		920	700		784	300	1.12	336

加权平均单价＝（200+920）÷（200+800）＝1.12

顺算法：

本月销售成本=1.12×700=784（元）

月末结存成本=200+920-784=336（元）

倒算法：

月末结存成本=1.12×300=336（元）

本月销售成本=200+920-336=784（元）

(二) 移动平均法

库存商品明细账

商品名称：甲商品　　　　　　　　　　　　　　　　计量单位：件

日期	摘要	收入 数量	收入 单价	收入 金额	发出 数量	发出 单价	发出 金额	结存 数量	结存 单价	结存 金额
1	期初							200	1	200.00
9	购进	300	1.10	330.00				500		
10	销售				150	1.06	159.00	350		
12	销售				50	1.06	53.00	300		
16	销售				200	1.06	212.00	100		
18	购进	400	1.16	464.00				500		
24	销售				300	1.14	342.00	200		
30	购进	100	1.26	126.00				300		
31	本月合计	800		920.00	700		766.00	300	1.18	354.00

顺算法：

本月销售成本=(150+50+200)×1.06+300×1.14=766（元）

月末结存成本=200+920-766=354（元）

倒算法：

月末结存成本=1.18×300=354（元）

本月销售成本=200+920-354=766（元）

(三) 先进先出法

库存商品明细账

商品名称：甲商品　　　　　　　　　　　　　　　　计量单位：件

日期	摘要	收入 数量	收入 单价	收入 金额	发出 数量	发出 单价	发出 金额	结存 数量	结存 单价	结存 金额
1	期初							200	1.00	200.00
9	购进	300	1.10	330				200 300	1.00 1.10	530.00
10	销售				150	1.00	150.00	50 300	1.00 1.10	
12	销售				50	1.00	50.00	300	1.10	
16	销售				200	1.10	220.00	100	1.10	
18	购进	400	1.16	464				100 400	1.10 1.16	
24	销售				100 200	1.10 1.16	342.00	200	1.16	
30	购进	100	1.26	126				200 100	1.16 1.26	
31	本月成本	800		920	700		762.00	200 100	1.16 1.26	358.00

顺算法：

本月销售成本＝150×1+50×1+200×1.10+（100×1.10+200×1.16）＝762（元）

月末结存成本＝200+920-762＝358（元）

倒算法：

月末结存成本＝100×1.26+200×1.16＝358（元）

本月销售成本＝200+920-358＝762（元）

(四) 毛利率法

假设上季度实际毛利率为12%，本月商品销售收入900元。则：

本月商品销售毛利额＝900×12%＝108（元）

本月主营业务成本＝900-108＝792（元）

月末结存商品价值＝200+920-792＝328（元）

六、商品销售成本计算方法的选择

综合前面采用的不同成本计算方法得出以下结果：

项目/方法	毛利率法	个别计价法	加权平均法	移动平均法	先进先出法
销售收入	900	900	900	900	900
月末结存	328	326	336	354	358
销售成本	792	794	784	766	762
销售毛利	108	106	116	134	138
毛利率(%)	12.00	11.78	12.89	14.89	15.33

1. 毛利率法：只需本期商品销售收入金额及上季度实际毛利率两个资料即可计算，不需商品明细账资料，非常简便，但准确性较差。故通常只在每个季度的头两个月使用，第三个月要改用其他方法调整，即让误差不跳出季度范围。

2. 个别计价法：以销售的每批商品的实际进价成本来计算，最符合实际，但使用时要有一定条件。

3. 加权平均法：期末要在每个商品明细账上计算加权平均单价，计算较为复杂，但结果较均衡。

4. 移动平均法：要在每个商品明细账上每收入一批商品时重新计算加权平均单价，计算比加权平均法更复杂，但结果比加权平均法更均衡。

5. 先进先出法：当商品的前后进价相差较大时，计算出来的结果也相差较大。

七、实训

(一) 实训目的

通过实训，明确批发商品的盘点、库存商品的期末计价及商品销售成本的计算和结转在实务工作中的具体应用及操作，掌握商品储存的一般核算及库存商品的明细分类核算方法。

(二) 实训资料

综合性商品流通企业燕华商贸有限责任公司食品批发部上季度饼干类商品的实际毛利率为7.52%，该类商品第一季度1月份、2月份主营业务收入明细账、库存商品的二级类目账及三级明细账的有关资料如下。

主营业务收入 明细账

会计科目名称：批发——饼干类　　　　　　　　　　　　　　　　　第 1 页

2021年		凭证编号	摘 要	借 方	贷 方	借或贷	余 额
月	日						
1	31		本月合计	60 712.00	60 712.00	平	0
2	28		本月合计	69 770.00	69 770.00	平	0

库存商品类目账

商品类别：饼干类　　　　　　　　　　　　　　　　　　　　　　　单位：盒

2021年		凭证号数	摘 要	收入		发出		结存	
月	日			数量	金 额	数量	金 额	数量	金 额
1	1		上年结转					1120	12 126.00
	30		购 进	5000	53 500.00			6120	
	30		销 售			4400		1720	
	31		结转商品销售成本					1720	
2	28		购 进	6500	72 900.00			8220	
	28		销 售			5470		2750	
	28		结转商品销售成本					2750	
3	30		购 进						
	30		销 售						
	31		结转商品销售成本						

库存商品明细账

商品类别：<u>食品类</u>　品名：<u>夹心饼干</u>　计量单位：<u>盒</u>　牌价：<u>15.50 元</u>

2021年		凭证号数	摘要	收入			发出数量	结存		
月	日			数量	单价	金额		数量	单价	金额
1	1		上年结转					500	12.10	6 050.00
	15		购进	3000	11.50	34 500.00		3500		
	25		销售				2480	1020		
2	10		购进	2000	12.60	25 200.00		3020		
	20		销售				1620	1400		

库存商品明细账

商品类别：<u>食品类</u>　品名：<u>曲奇饼干</u>　计量单位：<u>盒</u>　牌价：<u>11.60 元</u>

2021年		凭证号数	摘要	收入			发出数量	结存		
月	日			数量	单价	金额		数量	单价	金额
1	1		上年结转					620	9.80	6 076.00
	15		购进	2000	9.50			2620		
	25		销售				1920	700		
2	10		购进	4500	10.60			5200		
	20		销售				3850	1350		

（三）实训要求

1. 将任务一、任务二实训所生成的记账凭证按日期的先后顺序编号，再据以登记如上主营业务收入明细账、库存商品的二级类目账及三级明细账。

2. 在第一季度内，前两个月采用毛利率法，第三个月采用先进先出法计算并结转商品的销售成本。

任务四　零售商品购进的业务核算

一、实训目的

通过实训，明确零售企业商品购进的一般业务程序及一般核算，掌握主要原始凭证的填制、传递以及据以填制记账凭证的技能方法。

二、实训资料

综合性商品流通企业燕华商贸有限公司食品零售部商品夹心饼干每包零售价 16.50 元，曲奇饼干每包零售价 12.80 元；服装零售部商品女时装每套零售价 248 元，男西装每套零售价 358 元，3 月份发生的有关经济业务如下。

广东增值税专用发票　№ 14600000
抵扣联
开票日期：2021 年 3 月 1 日

购买方	名称：燕华商贸有限公司 纳税人识别号：4400018631465 地址、电话：广州市中山三路 154 号　83487965 开户行及账号：工商银行越秀支行 010-0134-10012335766	密码区	（略）

货物或应税劳务、服务名称	规格型号	单位	数量	单价	金额	税率	税额
夹心饼干		盒	900	12.60	11340.00	13%	1474.20
曲奇饼干		盒	600	9.80	5880.00	13%	764.40
合　计					¥17220.00		¥2238.60

价税合计（大写）　⊗壹万玖仟肆佰伍拾捌圆陆角整　　（小写）¥19458.60

销售方	名称：徐记饼干厂 纳税人识别号：44000514034518 地址、电话：（略）81276573 开户行及账号：工商银行 021-564-32335672366	备注	（徐记饼干厂发票专用章）

收款人：李文奇　　复核：张华　　开票人：陈小娟　　销售方：（章）

1.2/6

广东增值税专用发票 №14600000

发票联 开票日期：2021年3月1日

购买方	名　　称：燕华商贸有限公司 纳税人识别号：4400018631465 地　址、电　话：广州市中山三路154号　83487965 开户行及账号：工商银行越秀支行 010-0134-10012335766	密码区	（略）

货物或应税劳务、服务名称	规格型号	单位	数量	单价	金额	税率	税额
夹心饼干		盒	900	12.60	11340.00	13%	1474.20
曲奇饼干		盒	600	9.80	5880.00	13%	764.40
合　　计					¥17220.00		¥2238.60

价税合计（大写）　⊗壹万玖仟肆佰伍拾捌圆陆角整　　　（小写）¥19458.60

销售方	名　　称：徐记饼干厂 纳税人识别号：44000514034518 地　址、电　话：（略）81276573 开户行及账号：工商银行 021-564-32335672366	备注	(徐记饼干厂发票专用章)

收款人：李文奇　　复核：张华　　开票人：陈小娟　　销售方：（章）

第三联：发票联　购买方记账凭证

1.3/6

广东增值税专用发票 №14600000

抵扣联 开票日期：2021年3月1日

购买方	名　　称：燕华商贸有限公司 纳税人识别号：4400018631465 地　址、电　话：广州市中山三路154号　83487965 开户行及账号：工商银行越秀支行 010-0134-10012335766	密码区	（略）

货物或应税劳务、服务名称	规格型号	单位	数量	单价	金额	税率	税额
运费					229.36	9%	20.64
合　　计					¥229.36		¥20.64

价税合计（大写）　⊗贰佰伍拾圆整　　　（小写）¥250.00

销售方	名　　称：徐记饼干厂 纳税人识别号：44000514034518 地　址、电　话：（略）81276573 开户行及账号：工商银行 021-564-32335672366	备注	(徐记饼干厂发票专用章)

收款人：李文奇　　复核：张华　　开票人：刘云龙　　销售方：（章）

第二联：抵扣联　购买方扣税凭证

1.4/6

广东增值税专用发票 №14600000

发票联 开票日期：2021年3月1日

购买方	名　　称：燕华商贸有限公司 纳税人识别号：4400018631465 地　址、电　话：广州市中山三路154号　83487965 开户行及账号：工商银行越秀支行 010-0134-10012335766	密码区	（略）

货物或应税劳务、服务名称	规格型号	单位	数量	单价	金额	税率	税额
运费					229.36	9%	20.64
合　　计					¥229.36		¥20.64

价税合计（大写）　⊗贰佰伍拾圆整　　　（小写）¥250.00

销售方	名　　称：徐记饼干厂 纳税人识别号：44000514034518 地　址、电　话：（略）81276573 开户行及账号：工商银行 021-564-32335672366	备注	(徐记饼干厂发票专用章)

收款人：李文奇　　复核：张华　　开票人：刘云龙　　销售方：（章）

第三联：发票联　购买方记账凭证

1.5/6

收 货 单

编号：1003001

收货部门：　　　　　　　　　　　　　　　　　年　月　日

商品名称	购进价格				零售价格				进销差价
	单位	数量	单价	金额	单位	数量	单价	金额	
合计									

入库联

收货人：孙红梅

1.6/6

收 货 单

编号：1003001

收货部门：　　　　　　　　　　　　　　　　　年　月　日

商品名称	购进价格				零售价格				进销差价
	单位	数量	单价	金额	单位	数量	单价	金额	
合计									

结算联

收货人：孙红梅

2.1/6

4400000000　广东增值税专用发票　№ 14600000

抵 扣 联　　开票日期：2021年3月5日

购买方	名　称：	燕华商贸有限公司					密码区	（略）		
	纳税人识别号：	4400018631465								
	地址、电话：	广州市中山三路154号　83487965								
	开户行及账号：	工商银行越秀支行 010-0134-10012335766								
货物或应税劳务、服务名称		规格型号	单位	数量	单价	金额		税率		税额
女时装			套	100	217.00	21700.00		13%		2821.00
男西装			套	50	265.00	13250.00		13%		1722.50
合　计						¥34950.00			¥4543.50
价税合计（大写）				⊗叁万玖仟肆佰玖拾叁圆伍角整				（小写）¥39493.50		
销售方	名　称：	中山丽奇制衣公司					备注			
	纳税人识别号：	44000514058916								
	地址、电话：	（略）41276573								
	开户行及账号：	工商银行 021-259-039								

第二联：抵扣联　购买方扣税凭证

收款人：李文奇　　　复核：张华　　　开票人：陈小娟　　　销售方：（章）

商品流通 企业会计实训（第3版）

2.2/6

广东增值税专用发票 № 14600000

发票联 开票日期：2021 年 3 月 5 日

购买方	名　称：燕华商贸有限公司	
	纳税人识别号：4400018631465	密码区（略）
	地　址、电话：广州市中山三路154号 83487965	
	开户行及账号：工商银行越秀支行 010-0134-10012335766	

货物或应税劳务、服务名称	规格型号	单位	数量	单价	金额	税率	税额
女时装		套	100	217.00	21700.00	13%	2821.00
男西装		套	50	265.00	13250.00	13%	1722.50
合　　计					¥34950.00		¥4543.50

价税合计（大写）　⊗叁万玖仟肆佰玖拾叁圆伍角整　（小写）¥39493.50

销售方	名　称：中山丽奇制衣公司	备注
	纳税人识别号：44000514058916	
	地　址、电话：（略）41276573	
	开户行及账号：工商银行 021-259-039	

收款人：李文奇　　复核：张华　　开票人：陈小娟　　销售方：（章）

第三联：发票联　购买方记账凭证

2.3/6

收 货 单

编号：1003002

收货部门：　　　　　　　　　　　　　　年　月　日

商品名称	购进价格				零售价格				进销差价
	单位	数量	单价	金额	单位	数量	单价	金额	
合　计									

收货人：王静芳

结算联

2.4/6

委电　　**委托收款凭证（付款通知）** 5　　委托号码：第C0302号

委托日期：2021 年 3 月 5 日　　付款日期：2021 年 3 月 5 日

收款人	全　称	中山丽奇制衣公司	付款人	全　称	燕华商贸有限公司
	账号或地址	021-259-039		账号或地址	010-0134-10012335766
	开户银行	工商银行　行号 039		开户银行	工商银行越秀支行

委收金额	人民币（大写）	叁万玖仟肆佰玖拾叁元伍角整	千	百	十	万	千	百	十	元	角	分
				¥	3	9	4	8	3	5	0	

款项内容：委托收款凭证名称　　　寄单证张数：2张

备注：付款人注意：
应于见票当日通知开户行划款，
如需拒付，应在规定的期限内，将拒付理由书并
附债务证明退交开户行。

单位主管：　会计：　复核：　记账：　付款人开户行收到日期 2021 年 3 月 5 日

2.5/6

广东增值税专用发票 №14605XXX
抵扣联 开票日期：2021年3月5日

购买方	名称：中山丽奇制衣公司 纳税人识别号：44000514058916 地址、电话：（略）41276573 开户行及账号：工商银行 021-259-039	密码区	（略）		
货物或应税劳务、服务名称	规格型号	单位	数量	单价	金额	税率	税额
运费					321.10	9%	28.90
合计					¥321.10		¥28.90
价税合计（大写）	⊗叁佰伍拾圆整				（小写）¥350.00		
销售方	名称：中山货运公司 纳税人识别号：440000171234123 地址、电话：中山路3号87654321 开户行及账号：农业银行中山路支行 345678912345678	备注	（中山货运公司 发票专用章）		

收款人：张三　　复核：张美　　开票人：陈小雨　　销售方：（章）

第二联：抵扣联 购买方扣税凭证

2.6/6

广东增值税专用发票 №14605XXX
发票联 开票日期：2021年3月5日

购买方	名称：中山丽奇制衣公司 纳税人识别号：44000514058916 地址、电话：（略）41276573 开户行及账号：工商银行 021-259-039	密码区	（略）		
货物或应税劳务、服务名称	规格型号	单位	数量	单价	金额	税率	税额
运费					321.10	9%	28.90
合计					¥321.10		¥28.90
价税合计（大写）	⊗叁佰伍拾圆整				（小写）¥350.00		
销售方	名称：中山货运公司 纳税人识别号：440000171234123 地址、电话：中山路3号87654321 开户行及账号：农业银行中山路支行 345678912345678	备注	（中山货运公司 发票专用章）		

收款人：张三　　复核：张美　　开票人：陈小雨　　销售方：（章）

第三联：发票联 购买方记账凭证

3.1/7

广东增值税专用发票 №14605XXX
抵扣联 开票日期：2021年3月5日

购买方	名称：燕华商贸有限公司 纳税人识别号：4400018631465 地址、电话：广州市中山三路154号 83487965 开户行及账号：工商银行越秀支行 010-0134-10012335766	密码区	（略）		
货物或应税劳务、服务名称	规格型号	单位	数量	单价	金额	税率	税额
男西装		套	100	272.00	27200.00	13%	3536.00
合计					¥27200.00		¥3536.00
价税合计（大写）	⊗叁万零柒佰叁拾陆圆整				（小写）¥30736.00		
销售方	名称：广州市宇田公司 纳税人识别号：44000514034519 地址、电话：（略）81276576 开户行及账号：工商银行 020-5967328967	备注	（广州市宇田公司 发票专用章）		

收款人：张友文　　复核：李伟华　　开票人：陈艺　　销售方：（章）

第二联：抵扣联 购买方扣税凭证

3.2/7 广东增值税专用发票 №14605XXX

4400000000　　广东增值税专用发票　　№14605XXX

发票联　　开票日期：2021年3月5日

购买方	名　　称：燕华商贸有限公司 纳税人识别号：4400018631465 地址、电话：广州市中山三路154号　83487965 开户行及账号：工商银行越秀支行 010-0134-10012335766	密码区	（略）

货物或应税劳务、服务名称	规格型号	单位	数量	单价	金额	税率	税额
男西装		套	100	272.00	27200.00	13%	3536.00
合　　　　计					¥27200.00		¥3536.00

价税合计（大写）	⊗叁万零柒佰叁拾陆圆整	（小写）¥30736.00

销售方	名　　称：广州市宇田公司 纳税人识别号：44000514034519 地址、电话：（略）81276576 开户行及账号：工商银行 020-5967328967	备注	广州市宇田公司 发票专用章

收款人：张友文　　复核：李伟华　　开票人：陈艺　　销售方：（章）

第三联：发票联　购买方记账凭证

3.3/7

收　货　单

编号：1003003

收货部门：　　　　　　　　　　　　　　年　月　日

商品名称	购进价格				零售价格				进销差价
	单位	数量	单价	金额	单位	数量	单价	金额	
合　计									

收货人：王静芳

入库联

3.4/7

收　货　单

编号：1003003

收货部门：　　　　　　　　　　　　　　年　月　日

商品名称	购进价格				零售价格				进销差价
	单位	数量	单价	金额	单位	数量	单价	金额	
合　计									

收货人：王静芳

结算联

3.5/7

广东增值税专用发票 № 14605XXX

4400000000

抵扣联   开票日期：2021年3月5日

第二联：抵扣联 购买方扣税凭证

购买方	名　　称：广州市宇田公司 纳税人识别号：44000514034519 地址、电话：81276576 开户行及账号：工商银行020-5967328967						密码区	（略）		
货物或应税劳务、服务名称		规格型号	单位	数量	单价	金额		税率	税额
运费						183.49		9%	16.51
合　　计						¥183.49			¥16.51
价税合计（大写）				⊗ 贰佰圆整			（小写）¥200.00			
销售方	名　　称：广州市第一运输公司 纳税人识别号：440012345678901 地址、电话：广州市白云南路100号 83581234 开户行及账号：建设银行 655538061234123						备注	（广州市第一运输公司 发票专用章）		

收款人：　　　　复核：　　　　开票人：王鹏　　　　销售方：（章）

3.6/7

广东增值税专用发票 № 14605XXX

4400000000

发票联   开票日期：2021年3月5日

第三联：发票联 购买方记账凭证

购买方	名　　称：广州市宇田公司 纳税人识别号：44000514034519 地址、电话：81276576 开户行及账号：工商银行020-5967328967						密码区	（略）		
货物或应税劳务、服务名称		规格型号	单位	数量	单价	金额		税率	税额
运费						183.49		9%	16.51
合　　计						¥183.49			¥16.51
价税合计（大写）				⊗ 贰佰圆整			（小写）¥200.00			
销售方	名　　称：广州市第一运输公司 纳税人识别号：440012345678901 地址、电话：广州市白云南路100号 83581234 开户行及账号：建设银行 655538061234123						备注	（广州市第一运输公司 发票专用章）		

收款人：　　　　复核：　　　　开票人：王鹏　　　　销售方：（章）

3.7/7

中国工商银行 支票存根 XVI0013698025 附加信息_____ _____ 出票日期　年　月　日 收款人： 金　额： 用　途： 单位主管：　会计：	中国工商银行支票（粤）　XVI0013698025 出票日期(大写)　年　月　日　付款行名称： 收款人：　　　　　　　　　出票人账号： 人民币 （大写）　　　　　亿千百十万千百十元角分 用途： 上列款项请从 我账户内支付 出票人签章：　　　　复核　　　记账

4. 8日和5日向中山丽奇制衣公司购进的商品到货，无误。

4.1/1

收 货 单

编号：1003002

收货部门：　　　　　　　　　　　　　　　年　　月　　日

商品名称	购进价格				零售价格				进销差价
	单位	数量	单价	金额	单位	数量	单价	金额	
合　计									

收货人：王静芳

入库联

5.1/4

4400000000　**广东增值税专用发票**　№ 14605XXX

抵扣联　　开票日期：2021年3月10日

购买方	名　　称：	燕华商贸有限公司					
	纳税人识别号：	4400018631465					
	地　址、电　话：	广州市中山三路154号　83487965					
	开户行及账号：	工商银行越秀支行 010-0134-10012335766					

货物或应税劳务、服务名称	规格型号	单位	数量	单价	金额	税率	税额
夹心饼干		盒	500	11.50	5750.00	13%	747.50
曲奇饼干		盒	500	9.20	4600.00	13%	598.00
合　计					¥10350.00		¥1345.50
价税合计（大写）	⊗壹万壹仟陆佰玖拾伍圆伍角整						（小写）¥11695.50

销售方	名　　称：	深圳味佳食品公司
	纳税人识别号：	44000514034589
	地　址、电　话：	（略）21276576
	开户行及账号：	工商银行 020-009-329

备注：（深圳味佳食品公司 发票专用章）

收款人：李文亚　　复核：张华北　　开票人：许季文　　销售方：（章）

第二联：抵扣联　购买方扣税凭证

5.2/4

4400000000　**广东增值税专用发票**　№ 14605XXX

发票联　　开票日期：2021年3月10日

购买方	名　　称：	燕华商贸有限公司					
	纳税人识别号：	4400018631465					
	地　址、电　话：	广州市中山三路154号　83487965					
	开户行及账号：	工商银行越秀支行 010-0134-10012335766					

货物或应税劳务、服务名称	规格型号	单位	数量	单价	金额	税率	税额
夹心饼干		盒	500	11.50	5750.00	13%	747.50
曲奇饼干		盒	500	9.20	4600.00	13%	598.00
合　计					¥10350.00		¥1345.50
价税合计（大写）	⊗壹万壹仟陆佰玖拾伍圆伍角整						（小写）¥11695.50

销售方	名　　称：	深圳味佳食品公司
	纳税人识别号：	44000514034589
	地　址、电　话：	（略）21276576
	开户行及账号：	工商银行 020-009-329

备注：（深圳味佳食品公司 发票专用章）

收款人：李文亚　　复核：张华北　　开票人：许季文　　销售方：（章）

第三联：发票联　购买方记账凭证

5.3/4

收 货 单

编号：1003004

收货部门：　　　　　　　　　　　　　　　　　　年　月　日

商品名称	购 进 价 格				零 售 价 格				进销差价	
	单位	数量	单价	金额	单位	数量	单价	金额		结算联
合　计										

收货人：孙红梅

5.4/4　　　中国工商银行　信汇凭证 4（收款通知或取款依据）　第　号

收款人	全　称		汇款人	全　称	
	账号或地址			账　号	
	开户银行	汇出行名称		开户银行	汇入行名称

汇票金额（人民币大写）		千百十万千百十元角分

汇出用途：

上列款项已代进账，如有错误，请持此联，来行面洽	上列款项已照收无误	科目
		对方科目
		汇入行解汇日期　年　月　日
（汇入行盖章）	收款人盖章	复核　　　出纳
年　月　日	年　月　日	记账

6. 12 日和 10 日向深圳味佳食品公司购进的商品到货，实收夹心饼干 550 盒，曲奇饼干 465 盒。

6.1/2

收 货 单

编号：1003004

收货部门：　　　　　　　　　　　　　　　　　　年　月　日

商品名称	购 进 价 格				零 售 价 格				进销差价	
	单位	数量	单价	金额	单位	数量	单价	金额		入库联
合　计										

收货人：孙红梅

6.2/2

商品购进短缺溢余报告单

　　　　　　　　　　年　月　日　　　　　　　　编号：03781

货号	品名	单位	应收数量	实收数量	单价	短缺		溢余		处理意见
						数量	金额	数量	金额	
合计										

供货单位：　　　　　　　　溢余或短缺原因：
专用发票号码：

制单：孙红梅

7.12日，经查短少的曲奇饼干，其中5盒是合理损耗，另外30盒是运输单位责任，经协商，由其进行赔偿，尚未收到赔偿款；溢余的50盒夹心饼干是对方多发货，经协商，同意补作购进，价税款尚未支付。

7.1/3

商品购进短缺溢余报告单

　　　　　　　　　　年　月　日　　　　　　　　编号：03781

货号	品名	单位	应收数量	实收数量	单价	短缺		溢余		处理意见
						数量	金额	数量	金额	
合计										

供货单位：　　　　　　　　溢余或短缺原因：
专用发票号码：

制单：孙红梅

7.2/3

4400000000　　广东增值税专用发票　　№ 14605XXX

抵扣联　　开票日期：2021年3月12日

购买方	名　称：燕华商贸有限公司	密码区	（略）
	纳税人识别号：4400018631465		
	地　址、电　话：广州市中山三路154号　83487965		
	开户行及账号：工商银行越秀支行 010-0134-10012335766		

货物或应税劳务、服务名称	规格型号	单位	数量	单价	金额	税率	税额
夹心饼干		盒	50	11.50	575.00	13%	74.75
合　计					¥575.00		¥74.75

价税合计（大写）　　⊗陆佰肆拾玖圆柒角伍分　　　　　　（小写）¥649.75

销售方	名　称：深圳味佳食品公司	备注
	纳税人识别号：44000514034589	
	地　址、电　话：（略）21276576	
	开户行及账号：工商银行 020-009-329	

收款人：李文亚　　复核：张华北　　开票人：许季文　　销售方：（章）

第二联：抵扣联　购买方扣税凭证

7.3/3

广东增值税专用发票 №14605XXX

4400000000

发票联　　开票日期：2021年3月12日

购买方	名　称	燕华商贸有限公司	密码区	（略）		
	纳税人识别号	4400018631465				
	地址、电话	广州市中山三路154号　83487965				
	开户行及账号	工商银行越秀支行 010-0134-10012335766				

货物或应税劳务、服务名称	规格型号	单位	数量	单价	金额	税率	税额
夹心饼干		盒	50	11.50	575.00	13%	74.75
合　　计					¥575.00		¥74.75
价税合计（大写）	⊗陆佰肆拾玖圆柒角伍分				（小写）¥649.75		

销售方	名　称	深圳味佳食品公司	备注	
	纳税人识别号	4400514034589		
	地址、电话	（略）21276576		
	开户行及账号	工商银行 020-009-329		

收款人：李文亚　　复核：张华北　　开票人：许季文　　销售方：（章）

第三联：发票联　购买方记账凭证

8.1/6

商业承兑汇票

签发日期　　年　月　日　　汇票号码：10762

收款人	全　称		付款人	全　称	
	账号或地址			账号或地址	
	开户银行			开户银行	行号

汇票金额	人民币（大写）		千百十万千百十元角分
			¥ 2 0 0 0 0 0 0

汇票到期日　　　　　　　　　交易合同号码　324561003

本汇票已由本单位承兑，到期日无条件支付票款
此致

承兑人盖章
承兑日期：2021年3月15日

出票人盖章：
负责

8.2/6

广东增值税专用发票 №14600000

4400000000

抵扣联　　开票日期：2021年3月15日

购买方	名　称	燕华商贸有限公司	密码区	（略）
	纳税人识别号	4400018631465		
	地址、电话	广州市中山三路154号　83487965		
	开户行及账号	工商银行越秀支行 010-0134-10012335766		

货物或应税劳务、服务名称	规格型号	单位	数量	单价	金额	税率	税额
女时装		套	200	205.00	41000.00	13%	5330.00
男西装		套	100	285.00	28500.00	13%	3705.00
合　　计					¥69500.00		¥9035.00
价税合计（大写）	⊗柒万捌仟伍佰叁拾伍圆整				（小写）¥78535.00		

销售方	名　称	中山丽奇制衣公司	备注	
	纳税人识别号	43000514034519		
	地址、电话	（略）51276517		
	开户行及账号	工商银行 021-259-039		

收款人：李浩胜　　复核：张越　　开票人：陈华娟　　销售方：（章）

第二联：抵扣联　购买方扣税凭证

8.3/6

广东增值税专用发票 № 14600000

4400000000

发票联   开票日期：2021年3月15日

购买方	名　　称：	燕华商贸有限公司	密码区	（略）
	纳税人识别号：	4400018631465		
	地　址、电　话：	广州市中山三路154号 83487965		
	开户行及账号：	工商银行越秀支行 010-0134-10012335766		

货物或应税劳务、服务名称	规格型号	单位	数量	单价	金额	税率	税额
女时装		套	200	205.00	41000.00	13%	5330.00
男西装		套	100	285.00	28500.00	13%	3705.00
合　　计					¥69500.00		¥9035.00

价税合计（大写）	⊗柒万捌仟伍佰叁拾伍圆整	（小写）¥78535.00

销售方	名　　称：	中山丽奇制衣公司	备注	（中山丽奇制衣公司 发票专用章）
	纳税人识别号：	43000514034519		
	地　址、电　话：	（略）51276517		
	开户行及账号：	工商银行 021-259-039		

收款人：李浩胜　　复核：张越　　开票人：陈华娟　　销售方：（章）

第三联：发票联 购买方记账凭证

8.4/6

收　货　单

编号：1003005

收货部门：　　　　　　　　　　　　　　　年　月　日

商品名称	购进价格			零售价格			进销差价
	单位	数量	单价	金额	单位	数量	单价	金额	
合　计									

收货人：孙红梅

结算联

8.5/6

广东增值税专用发票 № 14605XXX

4400000000

抵扣联　开票日期：2021年3月15日

购买方	名　　称：	上海红玫瑰服装公司	密码区	（略）
	纳税人识别号：	43000514034519		
	地　址、电　话：	51276517		
	开户行及账号：	工商银行 021-5967-432		

货物或应税劳务、服务名称	规格型号	单位	数量	单价	金额	税率	税额
运费					1651.38	9%	148.62
合　　计					¥1651.38		¥148.62

价税合计（大写）	⊗壹仟捌佰圆整	（小写）¥1800.00

销售方	名　　称：	广州货运公司	备注	（广州货运公司 发票专用章）
	纳税人识别号：	440001183421877		
	地　址、电　话：	广州市白云区 020-12345678		
	开户行及账号：	工商银行广州白云支行 662612345678901		

收款人：　　复核：张美　　开票人：陈小雨　　销售方：（章）

第二联：抵扣联 购买方扣税凭证

8.6/6

广东增值税专用发票 № 14605XXX

发票联　　开票日期：2021年3月15日

购买方	名　　　称：上海红玫瑰服装公司 纳税人识别号：43000514034519 地　址、电　话：51276517 开户行及账号：工商银行 021-5967-432	密码区	（略）

货物或应税劳务、服务名称	规格型号	单位	数量	单价	金额	税率	税额
运费					1651.38	9%	148.62
合　　　计					¥1651.38		¥148.62
价税合计（大写）	⊗壹仟捌佰圆整				（小写）¥1800.00		

销售方	名　　　称：广州货运公司 纳税人识别号：440001183421877 地　址、电　话：广州市白云区 020-12345678 开户行及账号：工商银行广州白云支行 662612345678901	备注	（广州货运公司发票专用章）

收款人：　　　复核：张美　　　开票人：陈小雨　　　销售方：（章）

9.26日，服装组实收男西装200套（系向洪威制衣厂购进，单价280元，计56 000元，增值税税额9 520元，至月末结算单据仍未到达）。

9.1/1

收　货　单

编号：1003006

收货部门：　　　　　　　　　　　年　　月　　日

商品名称	购进价格			零售价格			进销差价
	单位	数量	单价	金额	单位	数量	单价	金额	
合　计									

收货人：王静芳

三、实训要求

1. 根据经济事项填制有关的原始凭证。
2. 根据原始凭证填制记账凭证（暂不编凭证号）。

任务五　零售商品销售的业务核算

一、实训目的

通过实训，明确零售企业商品销售的一般业务程序及一般核算，掌握主要原始凭证的填制、传递以及据以填制记账凭证的技能方法，掌握将本月含税的售价收入调整为不含税的销售收入的技能。

二、实训资料

综合性商品流通企业燕华商贸有限公司 3 月份食品、服装零售部发生的有关经济业务如下。

1. 15 日，转来服装组和食品组上半月的销货日报表汇总表。

燕华商贸有限公司商品销货款（含税）情况

2021 年 3 月 15 日　　　　　　　　　　　单位：元

柜组	销售金额	实收金额	现金收入	信用卡收入	转账支票	现金溢余	现金短缺
食品柜	60 900	60 890	58 000	2 890			10
服装柜	139 980	140 000	130 300	3 800	5 900	20	
合计	200 880	200 890	188 300	6 690	5 900	20	10

制表：王波

销货款短缺溢余报告单

部门：食品组　　　　　　　　　年　月　日　　　　　　编号

销售金额		部门意见		记账联
实收金额				
短缺款				
溢余款		领导审批		
溢缺原因				

收款员：王波

销货款短缺溢余报告单

部门：服装组　　　　　　　　　年　月　日　　　　　　编号

销售金额		部门意见		记账联
实收金额				
短缺款				
溢余款		领导审批		
溢缺原因				

收款员：王波

2. 16 日，转来现金长短款的处理报告：经批准，食品柜现金短款是收款人王波的责任，由王波赔偿，赔偿款未收；服装柜长款是找零差错而造成多收的，做企业的收益处理。

销货款短缺溢余报告单

部门：食品组　　　　　　　　　年　月　日　　　　　　编号

销售金额		部门意见		核销联
实收金额				
短缺款				
溢余款		领导审批		
溢缺原因				

收款员：王波

销货款短缺溢余报告单

部门：服装组　　　　　　年　月　日　　　　　　编号

销售金额		部门意见		核销联
实收金额				
短缺款				
溢余款		领导审批		
溢缺原因				

收款员：王波

3. 31日，转来服装组和食品组下半月销货日报表汇总表。

燕华商贸有限公司商品销货款（含税）情况

2021年3月31日　　　　　　　　　　　　单位：元

柜组	销售金额	实收金额	现金收入	信用卡收入	转账支票	现金溢余	现金短缺
食品柜	53 951.50	53 962.50	44 000.00	5 440.00	4 522.50	11	
服装柜	162 544.00	162 544.00	155 394.00	7 150.00			
合计	216 495.50	216 506.50	199 394.00	12 590.00	4 522.50	11	

制表：王波

销货款短缺溢余报告单

部门：食品组　　　　　　2021年3月31日　　　　　　编号

销售金额		部门意见		记账联
实收金额				
短缺款				
溢余款		领导审批		
溢缺原因				

收款员：王波

4. 31日，食品柜长款是由于找零差而多收的，做企业的收益处理。

销货款短缺溢余报告单

部门：食品组　　　　　　年　月　日　　　　　　编号

销售金额		部门意见		核销联
实收金额				
短缺款				
溢余款		领导审批		
溢缺原因				

收款员：王波

三、实训要求

1. 根据经济事项填制原始凭证。
2. 根据原始凭证填制记账凭证（暂不编凭证号）。
3. 登记如下商品销售收入明细账。

主营业务收入　明　细　账

会计科目名称：食品组　　　　　　　　　　　　　　　　　第　　页

2021年		凭证编号	摘　要	借　方	贷　方	借或贷	余　额
月	日						

主营业务收入　明　细　账

会计科目名称：服装组　　　　　　　　　　　　　　　　　第　　页

2021年		凭证编号	摘　要	借　方	贷　方	借或贷	余　额
月	日						

4. 将本月含税的售价收入调整为不含税的销售额。

任务六　零售商品储存的业务核算

一、库存商品和商品进销差价明细账的设置与登记

零售企业的库存商品和商品进销差价明细账按营业柜组或门市部设置，在经济业务发生时，这两个账户往往同时发生变动，为了便于记账，可将其联合在一起，设置库存商品和商品进销差价联合明细分类账。

库存商品和商品进销差价明细分类账

部门：服装组

2021年		凭证号数	摘要	库存商品 借方				库存商品 贷方					借或贷	余额	商品进销差价 借方	商品进销差价 贷方	借或贷	余额
月	日			购进	调入	调价增值	溢余	销售	调出	调价减值	削价	短缺						
3	1		余额										借	136 400			贷	34 782
		1	购入	15 000												3 810		
		1	进货退出	1 000												256		
		1	调入		5 000											1 270		
		1	调价增值			500										500		
		1	销售					12 420										
		1	调出						3 000						762			
		1	调价减值							640			借	140 020	640		贷	38 704

二、库存商品的盘点及处理

（一）商品盘存表

库存商品盘存表

部门：服装组　　　　　　　　　2021 年 2 月 31 日

品名	规格	计量单位	盘存数量	销售价格 单价	销售价格 金额	购进价格 单价	购进价格 金额
女时装	（略）	套	150	207.00	31 050.00	144.90	21 735.00
男时装		套	216	289.00	62 424.00	202.30	43 696.80
小　计					93 474.00		65 431.80
合　计					589 324.00		436 503.34

柜组长：张文红　　　　　　复核：张文红　　　　　　制表：李丽

"商品盘存表"由保管人员负责填制，若盘存表上账存数与实存数不符，则填制"商品短缺溢余报告单"。

商品盘存汇总表

2021 年 2 月 31 日

营业柜组	库存商品售价金额	库存商品进价金额	受托代销商品售价金额	受托代销商品进价金额	商品进销差价
服装组	589 324.00	436 503.34	21 000.00	19 200.00	154 620.66
食品组	25 457.00	19 856.46			5 600.54
合　计	614 781.00	456 359.80	21 000.00	19 200.00	160 221.20

柜组长：张文红、李文辉　　　　复核：张丹阳　　　　制表：李丽

"商品盘存汇总表"是根据各营业柜组的"库存商品盘存表"和"受托代销商品盘存表"编制的。

(二) 商品盘点短缺溢余报告单

商品盘点短缺溢余报告单

部门：服装组　　　　　　　　2021年2月31日

账存金额	15 238.60	溢余金额		短缺或溢余原因	销货发错商品	记账联
实存金额	15 138.60	短缺金额	100.00			
上月本柜组差价率			25.60%			
溢余商品差价		溢价商品进价				
短缺商品差价	25.60	短缺商品进价	74.40			
领导批复				部门意见	要求做企业损失处理	

审批人：邓顺文　　　柜组长：张文红　　　复核：张文红　　　制单：王波

三、库存商品的调价

商品调价差额调整单　　　　　　　　　　　　　编号：1257

填报部门：服装组　　　　2021年2月31日　　　　调价通知：调字第2号

品　名	计量单位	盘存数量	零售单价		调整单价差额		调高金额	调低金额
			新价	原价	增加	减少		
男西装	套	42	289.00			11		462.00
女时装	套	85	207.00			20		1 700.00
合　计								2 162.00

审批人：邓顺文　　　柜组长：张文红　　　复核：张文红　　　制单：王波

四、库存商品的内部调拨

商品内部调拨单

调入部门：批发部　　　　2021年2月8日　　　　调出部门：食品组

品　名	计量单位	数量	零售价格		购进价格		商品进销差价
			单价	金额	单价	金额	
夹心饼干	盒	80	15.20	1 216.00	11.87	949.60	266.40
曲奇饼干	盒	60	12.80	768.00	9.48	568.80	199.20
合　计				1 984.00		1 518.40	465.60

审核：李文辉　　　　　　　　　　　　　　　　制单：张红霞

"商品内部调拨单"一般由调出部门填制。

五、库存商品的削价

商品削价报告单

部门：食品组　　　　2021年3月31日

商品名称	单位/规格	数量	原售价 单价	原售价 金额	现售价(不含税) 单价	现售价(不含税) 金额	变动金额
曲奇饼干	盒	25	12.80	320.00	11.50	287.50	32.50
夹心饼干	盒	13	15.20	197.60	13.80	179.40	18.20
合计		38		517.60		466.90	50.70

主管：宋楠　　　　复核：李文辉　　　　制单：张红霞

"商品削价报告单"一般由有关营业柜组盘点数量后填制。

六、库存商品的期末计价

期末库存商品成本与可变现净值比较表

单位：元

柜别	商品名称	单位	结存数量	含税价格 单价	含税价格 总价	进销差价	实际成本	可变现净值 单价	可变现净值 总价	期末价值
食品组	夹心饼干	盒	200	15.20	3 040.00	912.00	2 128.00	12.16	2 432.00	
	曲奇饼干	盒	400	12.80	5 120.00	1 536.00	3 584.00	11.28	4 512.00	
	小计				8 160.00	2 448.00	5 712.00		6 944.00	5 712.00
服装组	女时装	套	300	207.00	62 100.00	17 388.00	44 712.00	198.00	59 400.00	
	男西装	套	600	289.00	173 400.00	48 552.00	124 848.00	269.00	161 400.00	
	小计				235 500.00	65 940.00	169 560.00		220 800.00	169 560.00
合计					243 660.00	68 388.00	175 272.00		227 744.00	175 272.00
备注	分柜组差价率： 食品组：30%　　服装组：28%

七、商品销售成本的计算结转

零售商品进销差价计算分摊表

2021年2月31日　　　　　　　　　　　　单位：元

柜组	月末进销差价余额	月末库存及委托代销商品余额	本月主营业务收入贷方发生额	本月进销差价率（%）	本月实现的进销差价	月末库存及委托代销商品应摊差价
食品组	66 158.00	128 900.00	132 800.00	25.28	33 571.84	32 586.16
服装组	80 865.00	176 300.00	156 200.00	24.32	37 987.84	42 877.16
合计	147 023.00	305 200.00	289 000.00		71 559.68	75 463.32

会计主管：邓顺文　　　　复核：张华　　　　制表：张小亚

八、实训

(一) 实训目的

通过实训,明确零售企业商品储存的一般核算,掌握主要原始凭证的填制、传递以及据以填制记账凭证的技能方法,掌握库存商品和商品进销差价明细分类账的登记方法,以及月末计算调整商品销售成本的技能。

(二) 实训资料

综合性商品流通企业燕华商贸有限公司3月份食品、服装零售部发生的有关经济业务如下。

1. 31日,仓库月末盘点后,转来商品盘存表(假定上月服装柜分类差价率为21.6%,上月食品柜分类差价率为17.2%)。

1.1/3

商品盘存表

2021年3月31日

商品品名	编号	单位	库存数量	实存售价金额 单价	实存售价金额 金额	库存商品账面余额	溢余售价	短缺售价
女时装		套	140	207.00	28 980.00	29 394.00		414.00
男西装		套	60	289.00	17 340.00	17 340.00		
服装组合计					46 320.00	46 734.00		414.00
曲奇饼干		盒	430	12.80	5 504.00	5 504.00		
夹心饼干		盒	1388	15.20	21 097.60	21 021.60	76.00	
食品组合计					26 601.60	26 525.60	76.00	
备注	原因待查							

制单:张丹阳

1.2/3

商品盘点短缺溢余报告单

部门:食品组　　　　　　　　　年　月　日　　　　　编号

账存金额		溢余金额		短缺或溢余原因	记账联
实存金额		短缺金额			
上月本柜组差价率					
溢余商品差价		溢价商品进价			
短缺商品差价		短缺商品进价			
领导批复		部门意见			

审批人:　　　　柜组长:　　　　复核:　　　　制单:

1.3/3

商品盘点短缺溢余报告单

部门：服装组　　　　　　　　　年　月　日　　　　　　编号

账存金额		溢余金额		短缺或溢余原因	记账联
实存金额		短缺金额			
上月本柜组差价率					
溢余商品差价		溢价商品进价			
短缺商品差价		短缺商品进价			
领导批复		部门意见			

审批人：　　　　柜组长：　　　　复核：　　　　制单：

2. 31日，转来对服装组商品盘存溢缺处理意见报告：服装组短少是实物负责人的责任，责成由其赔偿，尚未收到赔偿款。

商品盘点短缺溢余报告单

部门：服装组　　　　　　　　　年　月　日　　　　　　编号

账存金额		溢余金额		短缺或溢余原因	核销联
实存金额		短缺金额			
上月本柜组差价率					
溢余商品差价		溢价商品进价			
短缺商品差价		短缺商品进价			
领导批复		部门意见			

审批人：　　　　柜组长：　　　　复核：　　　　制单：

3. 31日，转来对食品组商品盘存溢缺处理意见报告：食品组溢余夹心饼干是自然升溢，作冲减当期损益处理。

商品盘点短缺溢余报告单

部门：食品组　　　　　　　　2021年3月31日　　　　　编号

账存金额		溢余金额		短缺或溢余原因	核销联
实存金额		短缺金额			
上月本柜组差价率					
溢余商品差价		溢价商品进价			
短缺商品差价		短缺商品进价			
领导批复		部门意见			

审批人：　　　　柜组长：　　　　复核：　　　　制单：

（三）实训要求

1. 根据原始凭证填制记账凭证（暂不编凭证号）。

2. 将任务四~任务六实训所生成的记账凭证先按日期的先后顺序编号，再据以登记如下库存商品和商品进销差价明细账。

库存商品和商品进销差价明细分类账

部门：食品组

2021年		凭证号数	摘要	库存商品								借或贷	余额	商品进销差价		借或贷	余额
				借方				贷方									
月	日			购进	调入	调价增值	溢余	销售	调出	调价减值	削价	短缺			借方	贷方	
3	1		期初余额										借	103 820.10			贷	17 857.06

库存商品和商品进销差价明细分类账

部门：服装组

2021年		凭证号数	摘要	库存商品								借或贷	余额	商品进销差价		借或贷	余额
				借方				贷方									
月	日			购进	调入	调价增值	溢余	销售	调出	调价减值	削价	短缺			借方	贷方	
3	1		期初余额										借	199 158.00			贷	43 018.13

3. 按分柜组差价率推算法计算并结转已销商品应分摊的进销差价（保留小数点后两位），对两个营业柜组本月已销商品应分摊的进销差价进行账务处理。

零售商品进销差价计算分摊表

年 月 日　　　　　　　　　　　　　　单位：元

柜组	月末进销差价余额	月末库存及委托代销商品余额	本月主营业务收入贷方发生额	本月进销差价率（%）	本月实现的进销差价	月末库存及委托代销商品应摊差价
食品组						
服装组						
合计						

会计主管：　　　　　　　　复核：　　　　　　　　制表：

第三篇 商品流通企业会计综合实训

一、实训目标

1. 根据商品流通企业不同的经营方式和经营对象，能够选择恰当的会计核算方式和方法，开展商品流通企业的会计核算工作。

2. 在掌握具体的经营方式和经营对象核算方法的基础上，能够熟练地对综合性经营企业的业务进行会计核算。

3. 全面掌握商品流通企业会计核算过程中确认、计量、记录和报告的能力。

4. 整合课堂上所学的知识和技能，提高职业判断能力及审慎的思维能力，为顶岗实习和就业奠定基础。

5. 通过综合实训，理解商品流通企业会计核算与其他行业会计的异同，提高融会贯通的能力，为学习其他行业会计奠定基础。

二、实训要求

1. 选择适当的实训组织方式，在采用设岗实训的方式下，要按照岗位要求合理分工，同时为了保证每个同学都能掌握相关技能，在完成一部分工作后，可以采取轮岗方式，调换每个人的角色和任务。

2. 应严格按照《会计基础工作规范》的要求开展各环节的核算工作，所有的文字、数字都应按照规范要求书写，所有文字和数字要正确、整洁、清楚、流畅，保证账、证、表的整洁。

3. 对于实训过程中出现的账务处理错误，应按照规定的更正方法进行更正，不得任意涂改、刮擦挖补。

4. 所有的账、证、表等会计资料均应按照要求装订成册，形成实训成果。

5. 严格按照要求，按时完成各阶段的实训任务。

三、实训组织

可以参照第一篇所提供的综合实训方式，适当采取"集中实训""设岗实训"方式中的某一种方式组织实训。

四、实训评价

评价方式和评价标准见第一篇中的"商品流通企业会计实训的评价"。

五、实训准备

为了全仿真企业核算过程,实训开始前,应组织学生学习《会计基础工作规范》,开展实训动员工作,使学生明确综合实训的目的、意义、要求及实训安排;根据教学安排,选择适当的实训组织方式;做好实训的器材及耗材准备。

(一) 实训用具及器材准备

1. 财务专用章、发票专用章、会计科目用章和私章(出纳人员、法人代表、会计人员)各一套。
2. 钢笔(红、蓝或黑)、铅笔。
3. 直尺、剪刀、胶水、大头针、回形针。
4. 印台、算盘或计算器、钩锥或装订机、装订线等相关用品用具。

应配备银行预留印鉴和有关业务用章、私章如下:

(二) 实训耗材准备

1. 总分类账:25 张。
2. 出纳日记账:2 张。
3. 三栏式明细分类账:6 张。
4. 数量金额式明细分类账:5 张。
5. 应交增值税明细分类账:2 张。
6. 横线式明细分类账:1 张。
7. 库存商品和商品进销差价联合式明细分类账:3 张。
8. 多栏式明细分类账:3 张。
9. 记账凭证:4 本。
10. 会计凭证封面:1 张。
11. 科目汇总表:4 张。
12. 总账科目试算平衡表:3 张。
13. 资产负债表、应交增值税明细表、利润表、利润分配表:各 1 份。

六、实训资料

(一) 实训企业概况

1. 企业机构设置:水果(农副产品)经营部(简称水果部)、批发商品经营部(简称批发部）、水产品（鲜活商品）经营部（简称水产部）、零售商场（服装柜组、食品柜组）、首饰部、财务部、仓库、分店。

2. 核算方法如下表所示。

部门	库存商品核算方法	商品销售成本计算	销售收入价税处理
零售商场	售价金额核算	分柜组差价率法	月末
首饰部	数量售价金额核算	综合差价率法	月末
水果部	进价金额核算	个别计价法	当时
批发部	数量进价金额核算	加权平均法	当时
水产部	进价金额核算	月末盘存计销法	当时

其中，水果部按照经营农副产品的核算方法进行核算；水产部按照经营鲜活商品的核算方法进行核算；分店采取特许连锁、实行独立核算。大部分销售业务为内销，小部分商品自营出口销往东南亚国家。

3. 外币交易按交易日的即期汇率将外币金额折算为记账本位币金额记账。公司的记账本位币为人民币。外币货币性项目和以价值计量的外币非货币性项目的期末账户余额，按月末即期汇率进行调整。

4. 增值税税率为13%（收购的农副产品按买价9%的扣除率计算进项税额；支付的运费按9%计算进项税额），城市维护建设税税率为7%，教育费附加为3%，所得税税率为25%，一般盈余公积金的提取比例为10%，公益金为5%。

5. 利润核算采用"账结法"，每月计算出利润总额并预交所得税，年终进行清算。

6. 财务部工作人员及分工如下。

（1）会计主管——邓顺义：负责审核各类账证，编制科目汇总表并据以登记总账，编制财务报表，进行财务分析。

（2）出纳员——王芳：负责办理收付款业务，填制各种收、付款的票据和结算凭证，编制收、付记账凭证，登记现金和银行存款日记账并定期进行银行对账工作。

（3）制单会计——张小亚：负责审核原始凭证，编制转账记账凭证和有关的原始凭证。

（4）记账会计——李文红：负责审核各种记账凭证，登记有关的明细账。

（二）实训企业建账资料

1. 燕华商贸有限公司2021年总账及有关明细账账户余额表（单位：元）如下表所示。

科目代码	账户名称	1月1日余额 借方	1月1日余额 贷方	12月1日余额 借方	12月1日余额 贷方	备注
1001	库存现金	1 532.80		798.37		出纳账
1002	银行存款	645 729.60		790 253.44		出纳账
1015	其他货币资金					
1101	交易性金融资产	120 000.00		550 000.00		
1121	应收票据	646 000.00		690 000.00		
1122	应收账款	701 176.00		219 550.00		
112201	广州天华商场			239 100.00		三栏式
112202	上海蓝天公司				19 550.00	三栏式
1123	预付账款	70 000.00		67 000.00		

续表

科目代码	账户名称	1月1日余额 借方	1月1日余额 贷方	12月1日余额 借方	12月1日余额 贷方	备注
112301	中山丰达制衣公司			50 000.00		三栏式
112302	广州美华饼干厂				5 000.00	三栏式
112303	待摊费用	15 000.00		22 000.00		三栏式
1231	其他应收款	5 400.00		12 000.00		
1321	受托代销商品	200 000.00				
1241	坏账准备		6 000.00		413.14	
1402	在途物资	159 650.00		167 440.00		
140201	广州徐记饼干厂			67 440.00		横线登记式
140202	江西美达公司			100 000.00		横线登记式
1403	原材料	35 726.40		39 876.60		
1406	库存商品	2 547 987.00		1 801 144.95		
140601	饼干类			20 551.96		三栏式类目账
14060101	——曲奇饼干			4 076.40		数量金额式 数量430盒 单价9.48
14060102	——夹心饼干			16 475.56		数量金额式 数量1388盒 单价11.87
140602	服装类			1 048 869.00		三栏式类目账
14060201	——女时装			612 720.00		数量金额式 数量2960套 单价207.00
14060202	——男西装			436 149.00		数量金额式 数量1505套 单价289.80
140603	食品组			21 299.99		联合式
140604	服装组			412 124.00		联合式
140605	首饰组			195 500.00		数量金额式 项链数量23条 单价8500.00
140606	水果类			56 200.00		三栏式
140607	水产类			46 600.00		三栏式
1407	发出商品	21 000.00		71 400.00		
1408	委托代销商品			42 500.00		
1410	商品进销差价		135 083.86		191 014.19	
141001	食品组				6 816.99	联合式
141002	服装组				121 637.20	联合式
141003	首饰组				62 560.00	三栏式
1412	周转材料	83 619.20		96 824.00		
1461	存货跌价准备		2 080.00		2 000.00	

续表

科目代码	账户名称	1月1日余额 借方	1月1日余额 贷方	12月1日余额 借方	12月1日余额 贷方	备注
1521	持有至到期投资	330 000.00		465 000.00		
1601	固定资产	2 012 900.00		2 678 555.00		
1602	累计折旧		328 000.00		351 000.00	
1701	无形资产	174 100.00		191 000.00		
1702	累计摊销		33 100.00		43 450.00	
1901	待处理财产损溢					
2001	短期借款				285 000.00	
2201	应付票据		355 900.00		63 000.00	
2202	应付账款		170 000.00		37 500.00	
220201	广州徐记饼干厂				45 000.00	三栏式
220202	上海虹桥公司			7 500.00		三栏式
2205	预收账款				12 500.00	
220501	成都南方公司				15 000.00	三栏式
220502	深圳大明商场			2 500.00		三栏式
2211	应付职工薪酬		27 043.92		28 267.56	
2221	应交税费		52 029.22		65 406.40	应交增值税多栏式
2231	应付利息				8 893.00	
2232	应付股利		200 100.50			
2241	其他应付款		9 523.50		6 252.50	
2314	代销商品款		200 000.00			
2601	长期借款				72 825.30	
4001	实收资本		5 780 000.00		5 800 000.00	
4002	资本公积		51 250.00		29 798.00	
4101	盈余公积		125 540.00		231 087.00	
4103	本年利润				566 765.27	
4104	利润分配		88 170.00		88 170.00	
合计		7 754 821.00	7 754 821.00	7 883 342.36	7 883 342.36	

2. 燕华商贸有限公司2021年损益类账户发生额表（单位：元）如下表所示。

科目代码	账户名称	1～11月借方发生额	1～11月贷方发生额	备注
6001	主营业务收入		16 792 960.65	多栏式：批发：饼干类、服装类；零售：食品组、服装组、首饰组；水果类、水产类
6051	其他业务收入		134 800.00	
6111	投资收益		12 585.50	
6301	营业外收入		18 100.00	
6401	主营业务成本	14 503 160.28		多栏式：同主营业务收入
6402	其他业务支出	35 780.67		

续表

科目代码	账户名称	1~11月借方发生额	1~11月贷方发生额	备注
6405	营业税金及附加	26 994.34		
6601	销售费用	870 920.64		多栏式：职工薪酬、保险、包装费、广告费、运杂费、展销费、其他
6602	管理费用	678 480.50		
6603	财务费用	61 306.77		
6701	资产减值损失	7 110.96		
6711	营业外支出	19 004.96		
6801	所得税费用	188 921.76		

注：开设账页时，总分类账全部开设，明细分类账按备注栏的提示开设，备注栏无说明的，均不开设。

（三）相关业务及原始凭证

燕华商贸有限公司2021年12月份发生的有关经济业务及原始凭证如下（增值税专用发票抵扣联略）。

1. 1日，零售商场从本市云霞湖服装厂购进商品，服装组验收商品，支票结算。

2. 2日，零售商场从深圳美佳食品厂购进商品，收到委托收款单的付款通知，承付价税款，商品未入库。

3. 2日，批发部从东莞益达食品厂购进饼干类商品，商品已验收，电汇结算。

4. 2日，零售商场从东莞洪丽针织厂购进商品，服装组验收商品，商业承兑汇票结算。

5. 2日，采购员预支去深圳出差的差旅费。

6. 3日，批发部销售给新加坡新顺贸易公司服装类商品，货已发出。将发票连同信用证及其他有关单证，提交中国银行办理结算。当日市场汇价为1美元=6.42元人民币。出口退税率为13%。

男西装　800套　单价　80美元（离岸价）　64 000美元

7. 3日，零售商场从上海蓝天公司购进商品，商品未入库。

8. 4日，食品组转来2日所购商品的收货单及商品购进短缺溢余报告单。

9. 4日，批发部从中山兴旺食品公司购进饼干类商品，收到委托收款单的付款通知，承付价税款，商品未入库。

10. 4日，水产部从本市黄沙水产公司购入商品，水产部验收商品，支票结算。

11. 4日，到银行办理银行汇票一张，收款人是中山兴旺食品公司。

12. 5日，批发部转来4日购进饼干类的收货单及商品购进短缺溢余报告单。

13. 5日，食品组转来3日购进商品的收货单。

14. 6日，批发部业务员持汇票到中山兴旺食品公司购进商品，商品未入库。

15. 6日，批发部向本市安华商场销售饼干类商品，支票结算。

16. 6日，将购货的预付货款汇给中山兴旺食品公司。

17. 7日，银行转来银行汇票多余款收账通知单，多余款项已收入账。

18. 7日，用支票支付广告费。

19. 7日，根据商品受托代销合同接受顺意服装厂女时装的代销业务，合同规定该女时装的协议价为210元，销售单价为260元，每月月末向委托方开具代销商品清单，服装组已收到商品。

20. 7日，开户银行转来电子报税付款通知，交纳所得税、增值税、营业税、城市维护建设税、教育费附加。

21. 7日，服装组转来商品内部调拨单，从批发部调入男西装。

22. 7日，采购员报销差旅费，并以现金补足其2日的预支款。

23. 7日，批发部从中山兴旺食品公司购进饼干类商品，商品已验收，收到委托收款单的付款通知（注：是冲抵预付货款后的余额，见16项），承付价税款。

24. 8日，批发部与大新商场订立合同，在合同中向购货方承诺如下现金折扣条件：1/20、N/30。

25. 10日，转来12月上旬销货日报表汇总表，将所有的现金、信用卡和转账支票当天解存银行。

燕华商贸有限公司零售商场商品销货款（含税）情况

2021年12月10日　　　　　　　　　　　　　　　　单位：元

柜组	销售金额	实收金额	现金收入	信用卡收入	转账支票	现金溢余	现金短缺
食品组	12 560	12 560	10 660	1 900			
服装组	287 500	287 500	263 930	5 570	18 000		
小计	300 060	300 060	274 590	7 470	18 000		
首饰组	102 000	102 000	59 500	25 500	17 000		注：项链数量12条
合计	402 060	402 060	334 090	32 970	35 000		

制表：王波

26. 10日，零售商场从中山丰达制衣公司购进商品，开出1个月期限、无息的银行承兑汇票。经审核无误，同意承付，商品未入库。

27. 10日，批发部从上海蓝天公司购进服装类商品，款未付，商品未入库。

28. 11日，批发部转来10日购进服装类商品的收货单和商品购进短缺溢余报告单。

29. 11日，批发部根据合同分两期收款销售给揭阳市万联商场饼干类商品，发出商品。

30. 12日，批发部向揭阳万联商场销售服装类商品，已办妥托收手续。

31. 12日，服装组转来10日购进商品的收货单。

32. 13日，向果农收购水果，现金付讫。

33. 13日，零售商场向顺德鑫金公司购进项链，商品已验收，电汇结算。

34. 14日，收到银行收账通知：向揭阳市万联商场托收的货款已入账。

35. 15日，批发部转来5日入库商品溢缺的处理意见。

36. 15日，业务部门送来报账发票，填制费用报销单，以现金补足备用金。

37. 15日，以存款发放工资。

38. 15日，批发部从中山兴旺食品公司购进饼干类商品，商品已验收，信汇结算。

39. 15日，批发部按合同约定的收款日期收取11日的销货款。

40. 15日，水产部、水果部转来上半月门市销货收入，将现金当天解存银行。

41. 15日，从本市徐记饼干厂购进饼干类商品，商品已验收，款未付。

42. 15日，揭阳市万联商场发现12日所购800套女时装布料有瑕疵，要求给予一定的折让，经协商，在价格上给予其20%的折让。

43. 16日，批发部向韶关宏达商场销售饼干类商品，收到银行回单一张。

44. 16日，食品组转来4日入库商品溢缺的处理意见：短少曲奇饼干55盒属对方少发货，经协商，由其退还55盒的价税款，款项尚未收到。

45. 16日，批发部转来11日入库商品溢缺的处理意见：短少女时装5套属对方少发货，经协商，由其补发商品。

46. 16日，按工资总额的22.5%、12%、2%分别计提统筹的养老保险金、医疗保险金和失业保险金。

47. 16日，按工资总额的7%计提住房公积金。

48. 16日，按工资总额的2%、1.5%和14%分别计提工会经费、职工教育经费和职工福利费。

49. 18日，批发部向广州市恰愉专卖店销售服装类商品，刷卡结算。

50. 20日，转来中旬销货日报表汇总表，将所有的现金、信用卡和转账支票当天解存银行。

燕华商贸有限公司零售商场商品销货款（含税）情况

2021年12月20日　　　　　　　　　　　　单位：元

柜组	销售金额	实收金额	现金收入	信用卡收入	转账支票	现金溢余	现金短缺
食品组	24 190	24 140	21 250	2 890			50
服装组	190 740	190 740	135 170	49 570	6 000		
小计	214 930	214 880	156 420	52 460	6 000		50
首饰组	42 500	42 500	25 500	8 500	8 500		注:项链数量5条
合计	257 430	257 380	181 920	60 960	14 500		50

制表：王波

51. 20日，批发部由于商品进货成本调整，通知韶关宏达商场16日向其销售的饼干类商品进行调价。

52. 20日，将从职工工资中代扣的工会经费和企业计提的工会经费划拨本公司工会。

53. 20日，将从职工工资中代扣的住房公积金和企业计提的住房公积金划拨市公积金管理中心。

54. 20日，与市红叶服装加工厂签订加工商品合同，为女时装绣花、加花边，已将一批女时装拨给加工厂。

55. 21日，广州市恰愉专卖店提出18日所购服装类商品款式与合同严重不符，要求全部退货，经协商同意退货。

56. 22日，批发部从深圳美佳食品厂购进饼干类商品，商品未入库。

57. 22日，零售商场从东莞大华食品厂购进商品，食品组验收商品。

58. 22日，将从职工工资中代扣的养老保险金、医疗保险金、失业保险金和企业计提的养老保险金、医疗保险金、失业保险金一并划拨市社会保险事业基金结算管理中心。

59. 22日，实行独立核算的连锁店天河分店开业，向其拨付经营费用。

60. 22日，支票预付明年的财产保险费。

61. 22日，归还开户银行今日到期的短期借款。
62. 22日，提取现金补足业务部门备用金。
63. 23日，转来20日现金长短款的处理意见：食品组现金短款是收款人张华的责任，由张华赔偿，赔偿款尚未收到。
64. 23日，批发部22日购进深圳美佳食品厂的饼干类商品验收时发现曲奇饼干已全部压碎，决定全部拒收。
65. 23日，以手续费方式委托中山恒宇商场代销商品，批发部发出商品。
66. 25日，银行转来专用收款凭证及电力公司发票，支付电费。
67. 25日，购进货柜，以支票付款。
68. 25日，仓库转来百货组领用货柜的领料单，按五五摊销法摊销。
69. 25日，经与深圳美佳食品厂协商，将22日到货的曲奇饼干全部退货。
70. 26日，银行转来付款通知及电信公司的发票联，支付通信费。
71. 26日，开户银行转来计付利息清单付款通知联，查前两个月已预提短期借款利息8 893元。
72. 26日，预计本月份实现利润65 000元，所得税税率为25%，预交本月份所得税16 250元。
73. 26日，开户银行转来计收利息清单收款通知联。
74. 28日，服装组转来收货单（所收商品系向晶丽公司购进，至月末结算单据仍未到达）。
75. 28日，收到大新商场开来的转账支票，系支付前欠货款及增值税款。
76. 29日，支票支付红叶服装加工厂委托加工费。
77. 30日，商场转来低值易耗品报废申请单。
78. 30日，与开户银行签订短期借款合同。
79. 30日，批发部转来存货可变现净值低于成本报告单。
80. 30日，以现金向税务局购买印花税票，粘贴在经济合同和账簿上。
81. 30日，仓库转来固定资产报废申请单。
82. 30日，水产部、水果部转来下半月门市销货收入，将现金当天解存银行。
83. 30日，零售商场接到东莞大华食品公司销货更正单，经查22日所购商品均未售出。
84. 31日，转来下旬销货日报表汇总表，将所有的现金、信用卡和转账支票当天解存银行。

燕华商贸有限公司零售商场商品销货款（含税）情况

2021年12月20日   单位：元

柜组	销售金额	实收金额	现金收入	信用卡收入	转账支票	现金溢余	现金短缺
食品组	13 952.50	13 962.50	4 000.00	5 440.00	4 522.50	10	
服装组	112 544.00	112 544.00	105 394.00	7 150.00			
小计	126 496.50	126 506.50	109 394.00	12 590.00	4 522.50	10	
首饰组	59 500.00	59 500.00	34 000.00	17 000.00	8 500.00		注：项链数量7条
合计	185 996.50	186 006.50	143 394.00	29 590.00	13 022.50	10	

制表：王波

经查食品组长款是由于找零而多收,作为企业的收益处理。

85. 31日,零售商场转来商品盘点短缺溢余报告单。

86. 31日,职工周伟报销家属医药费,陈红申请困难补助。

87. 31日,兴顺公司还来本公司出借的塑料包装箱,包装箱已验收入库。退还兴顺公司包装物的押金,塑料包装箱采用一次摊销法。

88. 31日,总务部门转来耗用原材料汇总表。

89. 31日,因天华商场已破产,其应收账款无法收回,经批准列做坏账。

90. 31日,根据本月份工资结算汇总表编制工资分配表,并据以分配工资。

91. 31日,服装组销售委托代销的女时装,收到现金。向顺意服装厂开具代销清单,收到顺意服装厂开来的专用发票,当即签发支票支付全部账款。

92. 31日,出售报废叉车给江海公司,收到转账支票,叉车清理完毕。

93. 31日,零售商场转来商品盘点短缺溢余的处理意见。

94. 31日,摊销应由本月份负担的财产保险费。

95. 31日,红叶服装加工厂送来加工完毕的女时装,仓库验收全部合格。

96. 31日,尔乐酒楼开来发票,系本公司招待客户费用。

97. 31日,食品组报来即将到期商品的削价处理方案。

98. 31日,水产组从市隆鑫水产公司购进水产品一批,商品未入库。

99. 31日,上月30日购进国债,准备持有至到期,一次还本付息,预计该债券本年利息并入账。

100. 31日,用平均年限法分类计提本月份固定资产折旧(营业厅和营业设备有20%出租给星辉公司)。

101. 31日,价格管理部门下达商品调价文件。

102. 31日,开户银行转来支付结算手续费的收据。

103. 31日,开户银行转来电汇收账通知,系南山服装厂未能按经济合同供货的赔偿金。

104. 31日,收到中山恒宇商场交来本月代销商品清单,据以填制专用发票。

105. 31日,连锁店天河分店上交利润。

106. 31日,按年末市场汇价1美元=6.45元人民币,调整外币账户余额。

107. 31日,结转本月份批发部、水产部商品的销售成本。

108. 31日,结转本月份零售商场已销商品的进销差价。

109. 31日,调整本月份零售商品的销售收入。

110. 31日,摊销应由本月份负担的商标权和土地使用权费用。

111. 31日,按5‰的坏账准备率计提本月份坏账准备。

112. 31日,本公司有计算机3台,每台原值12 000元,已提折旧4 120元,现由于市价持续下滑,每台可收回金额仅为4 800元,计提其减值准备。

113. 31日,本公司拥有房产原值1 380 600元,允许减除20%计税,房产税年税率为1.2%,出租商场的租金收入,按租金收入的12%计提房产税。拥有2.5吨客货两用车2辆,当地载货汽车年税额50元/吨,乘人汽车年税额200元/辆。分别计提本月份应交房产税和车船使用税。

114. 31日，计算本月份应交增值税，将其转入未交增值税。

115. 31日，计提应交城市维护建设税和教育费附加。

116. 31日，将损益类账户余额结转至本年利润。

117. 31日，年终汇算确认本期所得税费用。该公司2021年1~11月共实现利润总额566 765.27元，已提所得税额188 921.76元，全年计税工资总额为420 000元；1~11月累计发放工资382 000元，全年共发生非公益性的捐赠3 000元；1~11月取得的投资收益12 585.50元均为国债利息收入。计提本月份应交所得税额，并将所得税费用结转至本年利润。

118. 31日，按全年净利润的10%计提法定盈余公积；按8%计提任意盈余公积；按75%计提应分配给投资者的利润。

119. 31日，将本年利润余额和利润分配各明细账余额结转至利润分配——未分配利润。

1.1/4

广东增值税专用发票 № 14605XXX

4400000000

发票联　开票日期：2021年12月1日

购买方	名　　称： 燕华商贸有限公司
	纳税人识别号： 4400018631465
	地　址、电　话： 广州市中山三路154号　83487965
	开户行及账号： 工商银行越秀支行 010-0134-10012335766

密码区　（略）

货物或应税劳务、服务名称	规格型号	单位	数量	单价	金额	税率	税额
男西装		套	300	300	90000.00	13%	11700.00
合　　　计					¥90000.00		¥11700.00

价税合计（大写）　⊗壹拾万零壹仟柒佰圆整　（小写）¥101700.00

销售方	名　　称： 云霞湖服装厂
	纳税人识别号： 44000514034519
	地　址、电　话：（略）81276576
	开户行及账号： 工商银行 020-5967328967

备注：（云霞湖服装厂 发票专用章）

收款人：张如文　　复核：李小双　　开票人：陈小艺　　销售方：（章）

第三联：发票联　购买方扣税凭证

1.2/4

收 货 单

编号：1003001

收货部门：**服装组**　　2021 年 12 月 1 日　　供货单位：**云霞湖服装厂**

商品名称	购 进 价 格				零 售 价 格				进销差价
	单位	数量	单价	金额	单位	数量	单价	金额	
男西装	套	300	300	90,000.00	套	300	380	114,000.00	24,000.00
合　计				¥90,000.00				¥114,000.00	¥24,000.00

结算联

收货人：**王静芳**

1.3/4

收 货 单

编号：1003001

收货部门：**服装组**　　2021 年 12 月 1 日　　供货单位：**云霞湖服装厂**

商品名称	购 进 价 格				零 售 价 格				进销差价
	单位	数量	单价	金额	单位	数量	单价	金额	
男西装	套	300	300	90,000.00	套	300	380	114,000.00	24,000.00
合　计				¥90,000.00				¥114,000.00	¥24,000.00

入库联

收货人：**王静芳**

1.4/4

```
中国工商银行
支 票 存 根
XVI0013698019
附加信息ㅤㅤㅤㅤㅤㅤ
ㅤㅤㅤㅤㅤㅤㅤㅤㅤㅤ

出票日期 2021 年12月1日
收款人：云霞湖服装厂
金   额：¥101,700.00
用   途：  购货
单位主管 邓顺义  会计 张小亚
```

2.1/4

广东增值税专用发票 №14605XXX

此联不作报销抵扣税凭证使用　　开票日期：2021 年 12 月 2 日

购买方	名称：深圳美佳食品厂 纳税人识别号：44000514134695 地址、电话：81276575 开户行及账号：建行 021-259-039	密码区	（略）

货物或应税劳务、服务名称	规格型号	单位	数量	单价	金额	税率	税额
运费					321.10	9%	28.90
合　　计					¥321.10		¥28.90
价税合计（大写）	⊗叁佰伍拾圆整				（小写）¥350.00		

销售方	名称：中山货运公司 纳税人识别号：440000171234123 地址、电话：中山路3号87654321 开户行及账号：农业银行中山路支行 345678912345678	备注	（中山货运公司 发票专用章）

收款人：张三　　复核：张美　　开票人：陈小雨　　销售方：（章）

第一联：记账联　销售方记账凭证

2.2/4

广东增值税专用发票 №14600000

发票联　　开票日期：2021 年 12 月 2 日

购买方	名称：燕华商贸有限公司 纳税人识别号：4400018631465 地址、电话：广州市中山三路 154 号　83487965 开户行及账号：工商银行越秀支行 010-0134-10012335766	密码区	（略）

货物或应税劳务、服务名称	规格型号	单位	数量	单价	金额	税率	税额
夹心饼干		盒	500	12.50	6250.00	13%	812.50
曲奇饼干		盒	300	10.00	3000.00	13%	390.00
合　　计					¥9250.00		¥1202.50
价税合计（大写）	⊗壹万零肆佰伍拾贰圆伍角整				（小写）¥10452.50		

销售方	名称：深圳美佳食品厂 纳税人识别号：44000514134695 地址、电话：（略）81276575 开户行及账号：建设银行 021-259-039	备注	（深圳美佳食品厂 发票专用章）

收款人：李田山　　复核：张蒙　　开票人：陈波　　销售方：（章）

第三联：发票联　购买方记账凭证

2.3/4

委托收款凭证（付款通知）5

委电　　　　　　　　　　　　　　　　　　委托号码：第C0302号

委托日期：2021 年 12 月 2 日　　　付款日期：2021 年 12 月 2 日

	全 称	深圳美佳食品厂		全 称	燕华商贸有限公司	此联付款人开户行给付款人按期付款的通知
收款人	账号或地址	021-259-039	付款人	账号或地址	010-0134-10012335766	
	开户银行	建设银行　行号 039		开户银行	工商银行越秀支行	

委收金额	人民币（大写）	壹万零捌佰零贰圆伍角整	千百十万千百十元角分 ¥1 0 8 0 2 5 0

款项内容	货款	委托收款凭证名称	寄单证张数	2张

备注：付款人注意：
1. 应于见票当日通知开户行划款。
如需拒付，应在规定的期限内，将拒付理由书并附债务证明递交开户银行。

单位主管：　　会计：　　复核：　　记账：　　付款人开户行收到日期：2021 年 12 月 2 日

2.4/4

收 货 单

编号：1003002

收货部门：食品组　　　2021年 12月 2日　　　供货单位：深圳美佳食品厂

商品名称	购进价格					零售价格				进销差价
	单位	数量	单价	金额		单位	数量	单价	金额	
夹心饼干	盒	500	12.50	6,250.00		盒	500	16.50	8,250.00	2,000.00
曲奇饼干	盒	300	10.00	3,000.00		盒	300	12.80	3,840.00	840.00
合 计				¥9,250.00					¥12,090.00	¥2,840.00

收货人：孙红梅

3.1/4

广东增值税专用发票　№ 14600000

4400000000　　　　　　　发票联　　　　开票日期：2021 年 12 月 2 日

购买方	名　称：燕华商贸有限公司 纳税人识别号：4400018631465 地址、电话：广州市中山三路 154 号　83487965 开户行及账号：工商银行越秀支行 010-0134-10012335766	密码区	（略）

货物或应税劳务、服务名称	规格型号	单位	数量	单价	金额	税率	税额
夹心饼干		盒	800	11.80	9440.00	13%	1227.20
曲奇饼干		盒	400	9.88	3952.00	13%	513.76
合　计					¥13392.00		¥1740.96

价税合计（大写）　⊗壹万伍仟壹佰叁拾贰圆玖角陆分　　　（小写）¥15132.96

销售方	名　称：东莞益达食品厂 纳税人识别号：4400514031695 地址、电话：（略）82276175 开户行及账号：工商银行 618954678052413	备注	

收款人：张波　　复核：李文娜　　开票人：陈可鑫　　销售方：（章）

3.2/4

收 货 单

编号：01104

收货部门：批发部　　2021年12月2日　　供货单位：东莞益达食品厂

货 号	品 名	规 格	单 位	应收数量	实收数量	单 价	金 额
（略）	夹心饼干		盒	800		11.80	9,440.00
（略）	曲奇饼干		盒	400		9.88	3,952.00
合 计							¥13,392.00

商品类别：食品类

收货人：刘 刚

结算联

3.3/4

收 货 单

编号：01104

供货单位：东莞益达食品厂　　2021年12月2日　　存放地点：批发部仓库

货 号	品 名	规 格	单 位	应收数量	实收数量	单 价	金 额
（略）	夹心饼干		盒	800	800	11.80	9,440.00
	曲奇饼干		盒	400	400	9.88	3,952.00
合 计							¥13,392.00

商品类别：食品类

收货人：刘 刚

入库联

3.4/4　中国工商银行　电汇凭证 4（收款通知或取款依据）　第 号

委托日期：2021年12月2日　　应解汇款编号：

收款人	全 称	东莞益达食品厂	汇款人	全 称	燕华商贸有限公司
	账号或地址	618954678052463		账 号	010-0134-10012335766
	开户银行	工商银行　汇出行名称		开户银行	工商银行越秀支行　汇入行名称

汇票金额（人民币大写）	壹万伍仟壹佰叁拾贰圆玖角陆分	千百十万千百十元角分　¥ 1 5 1 3 2 9 6

汇出用途：支付货款（饼干）

上列款项已代进账，如有错误，请持此联，来行面洽

上列款项已照收无误

收款人盖章

科目
对方科目
汇入行解汇
复核
记账

4.1/4

广东增值税专用发票 №14600000

4400000000

发票联　开票日期：2021年12月2日

购买方	名　　称：燕华商贸有限公司 纳税人识别号：4400018631465 地　址、电　话：广州市中山三路154号　83487965 开户行及账号：工商银行越秀支行 010-0134-10012335766	密码区	（略）

货物或应税劳务、服务名称	规格型号	单位	数量	单价	金额	税率	税额
女时装		套	150	210.00	31500.00	13%	4095.00
男西装		套	130	310.00	40300.00	13%	5239.00
合　　　计					¥71800.00		¥9334.00
价税合计（大写）	⊗捌万壹仟壹佰叁拾肆圆整				（小写）¥81134.00		

销售方	名　　称：东莞洪丽针织厂 纳税人识别号：4400514034518 地　址、电　话：（略）81276573 开户行及账号：工商银行 021-564-32335672366	备注	（东莞洪丽针织厂 发票专用章）

收款人：李文山　　复核：张越　　开票人：陈岩　　销售方：（章）

第三联：发票联　购买方记账凭证

4.2/4

收 货 单

编号：1003003

收货部门：服装组　　2021年12月2日　　供货单位：东莞洪丽针织厂

商品名称	购 进 价 格				零 售 价 格				进销差价
	单位	数量	单价	金额	单位	数量	单价	金额	
女时装	套	150	210	31,500.00	套	150	260.00	39,000.00	7,500.00
男西装	套	130	310	40,300.00	套	130	380.00	49,400.00	9,100.00
合　计				¥71,800.00				¥88,400.00	¥16,600.00

入库联

收货人：孙红梅

4.3/4

收 货 单

编号：1003003

收货部门：服装组　　2021年12月2日　　供货单位：东莞洪丽针织厂

商品名称	购 进 价 格				零 售 价 格				进销差价
	单位	数量	单价	金额	单位	数量	单价	金额	
女时装	套	150	210.00	31,500.00	套	150	260.00	39,000.00	7,500.00
男西装	套	130	310.00	40,300.00	套	130	380.00	49,400.00	9,100.00
合　计				¥71,800.00				¥88,400.00	¥16,600.00

结算联

收货人：孙红梅

4.4/4

商业承兑汇票

签发日期 贰零贰壹年拾贰月零贰日　　汇票号码：10762

收款人	全称	东莞洪丽针织厂	付款人	全称	燕华商贸有限公司
	账号或地址	021-564-32335672366		账号或地址	010-0134-10012335766
	开户银行	工商银行		开户银行	工行越秀支行　行号

汇票金额	人民币（大写）	捌万壹仟壹佰叁拾肆圆整	千 百 十 万 千 百 十 元 角 分
			￥ 8 1 1 3 4 0 0

汇票到期日	贰零贰壹年拾贰月零贰日	交易合同号码	324561003

本汇票已由本单位承兑，到期日无条件支付票款
此致

出票人盖章：
负责

承兑人盖章
承兑日期：2021年12月2日

（中国工商银行越秀支行 汇票专用章 2021.12.2）

5.1/2

中国工商银行
支 票 存 根
XVI0013698020
附加信息 _____
_____
_____
出票日期 2021 年 12 月 2 日

收款人：	燕华商贸有限公司
金　额：	￥2,000.00
用　途：	差旅费

单位主管：郑顺文　会计：张小亚

5.2/2

借 支 单

2021 年 12 月 2 日

借款人	王林森	部门	采购部	职务	采购员
借款理由	采购商品借支差旅费				
借款金额	人民币(大写) 贰仟圆整　￥2,000.00				
核　准	张丽荣				

（现金付讫）

95 | PAGE

6.1/1

燕华商贸有限公司
YANHUA TRADING COMPANY

中山三路154号
154 ZHONG SHAN ROAD
广州　　中国
Guang zhou China

新顺贸易公司
XINSHUN TRADING COMPANY
海德大街218号
218 HYDE ROAD
新加坡
SINGAPORE

电传：86-21-64390011　电话：62567890
FAX：86-21-64390011　TEL：62567890

发　票
INVOICE

发票代码
Invoice Code 231000075123

发票号码
Invoice Number 98B02002

定单或合约号码
Sales Confirmation No.AE—017

发票日期
Date of Invoice DEC.6.2021

装船口岸 From	广州 GUANGZHOU	目的地 TO	新加坡 SINGAPORE

信用证号码　　　　　　　　　　开证银行　新加坡利华德信用储蓄公司
Letter of Credit No. LC0021—10557　Issued by LEAWORD TRUST AND BANKING CO.LTD.SINGAPORE

唛头号码 Marks & Numbers	数量与货品名称 Quantities and Description	总　值 Amount
No. 36—5	男西装 MEN'S SUITS 　　800套　单价80美元/套 　　800PCS　USD80/PC 800套男西装装于黄河号船上 800PCS OF HUANGHE BOAT 800套男西装装入80个纸板箱 800PCS IN 80 CARTON CASES	FOB GUANG ZHOU USD 64 000.00

燕华商贸有限公司
YANHUA TRADING COMPANY

(发票专用章 4400018631465)

7.1/2

上海增值税专用发票 №00156781

3100000000

发票联　　开票日期：2021年12月3日

购买方	名称：燕华商贸有限公司 纳税人识别号：4400018631465 地址、电话：广州市中山三路154号 83487965 开户行及账号：工商银行越秀支行 010-0134-10012335766	密码区	（略）

货物或应税劳务、服务名称	规格型号	单位	数量	单价	金额	税率	税额
曲奇饼干		盒	300	9.12	2736.00	13%	355.68
合　　计					¥2736.00		¥355.68

价税合计（大写）　⊗叁仟零玖拾壹圆陆角捌分　　（小写）¥3091.68

销售方	名称：上海蓝天公司 纳税人识别号：24054186314651 地址、电话：上海市南京路154号 83481965 开户行及账号：工商银行南京路支行 022-134-123356	备注	（上海蓝天公司 发票专用章）

收款人：张友　　复核：李伟　　开票人：陈艺　　销售方：（章）

第三联：发票联　购买方记账凭证

7.2/2

收　货　单

编号：1003004

收货部门：食品组　　2021年12月3日　　供货单位：上海蓝天公司

商品名称	购进价格				零售价格				进销差价
	单位	数量	单价	金额	单位	数量	单价	金额	
曲奇饼干	盒	300	9.12	2,736.00	盒	300	12.80	3,840.00	1,104.00
合　计				¥2,736.00				¥3,840.00	¥1,104.00

结算联

收货人：王静芳

8.1/2

收　货　单

编号：1003005

收货部门：食品组　　2021年12月4日　　供货单位：深圳美佳食品厂

商品名称	购进价格				零售价格				进销差价
	单位	数量	单价	金额	单位	数量	单价	金额	
夹心饼干	盒	500	12.50	6,250.00	盒	500	16.50	8,250.00	2,000.00
曲奇饼干	盒	245	10.00	2,450.00	盒	245	12.80	3,136.00	686.00
合　计				¥8,700.00				¥11,386.00	¥2,686.00

入库联

收货人：孙红梅

8.2/2

商品购进短缺溢余报告单

2021 年 12 月 4 日　　　　编号：03781

货号	品名	单位	应收数量	实收数量	单价	短缺数量	短缺金额	溢余数量	溢余金额
	曲奇饼干	盒	300	245	10.00	55	550.00		
合　计							¥550.00		

供货单位：深圳美佳食品厂　　处理意见：　　溢余或短缺原因：待查
专用发票号码：

制单：孙红梅

9.1/3

广东增值税专用发票　　№ 14600000

4400000000

发票联　　开票日期：2021 年 12 月 4 日

购买方	名　称：燕华商贸有限公司
	纳税人识别号：4400018631465
	地址、电话：广州市中山三路154号 83487965
	开户行及账号：工商银行越秀支行 010-0134-10012335766

密码区：（略）

货物或应税劳务、服务名称	规格型号	单位	数量	单价	金额	税率	税额
夹心饼干		盒	1500	12.00	18000.00	13%	2340.00
曲奇饼干		盒	600	9.50	5700.00	13%	741.00
合　计					¥23700.00		¥3081.00

价税合计（大写）：⊗贰万陆仟柒佰捌拾壹圆整　　（小写）¥26781.00

销售方	名　称：中山兴旺食品公司
	纳税人识别号：44000589039845
	地址、电话：（略）42276577
	开户行及账号：建设银行 220-1230-5673

收款人：李浩　　复核：张月　　开票人：陈小丽　　销售方：（章）

第三联：发票联　购买方记账凭证

9.2/3

委托收款凭证（付款通知）5

委托号码：第C0302号

委托日期：2021 年 12 月 4 日　　付款日期：2021 年 12 月 4 日

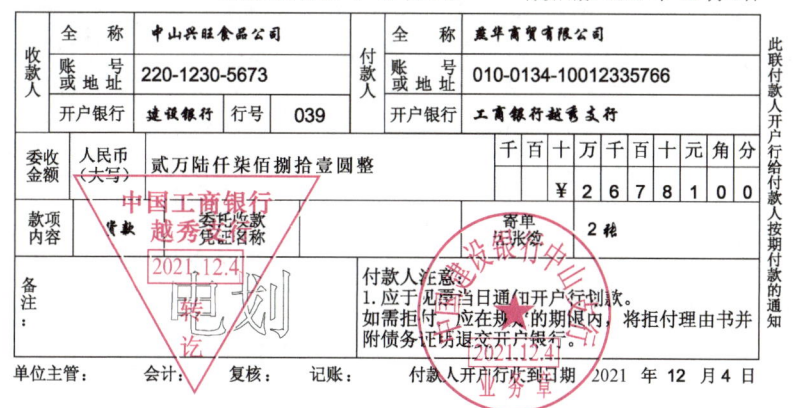

收款人	全　称	中山兴旺食品公司	付款人	全　称	燕华商贸有限公司
	账号或地址	220-1230-5673		账号或地址	010-0134-10012335766
	开户银行	建设银行　行号 039		开户银行	工商银行越秀支行

委收金额　人民币大写：贰万陆仟柒佰捌拾壹圆整　　￥26781.00

款项内容：货款　委托收款凭证名称

寄单张数：2张

备注：

付款人注意：
1. 应于见票当日通知开户行划款。
如需拒付，应在规定的期限内，将拒付理由书并附债务证明退交开户银行。

单位主管：　　会计：　　复核：　　记账：　　付款人开户行收到日期 2021 年 12 月 4 日

9.3/3

收 货 单

编号：1003006

收货部门：批发部　　2021 年 12 月 4 日　　供货单位：中山兴旺食品公司

货号	品名	规格	单位	应收数量	实收数量	单价	金额
	夹心饼干		盒	1500		12.00	18,000.00
	曲奇饼干		盒	600		9.50	5,700.00
合计							￥23,700.00

商品类别：食品类

结算联

收货人：刘刚

10.1/4

收 货 单

编号：01105

供货单位：黄沙水产公司　　2021 年 12 月 4 日　　存放地点：批发部仓库

货号	品名	规格	单位	应收数量	实收数量	单价	金额
	黄鱼		千克	100		18.00	1,800.00
合计							￥1,800.00

商品类别：水产类

结算联

收货人：刘刚

10.2/4

收 货 单

编号：01105

供货单位：黄沙水产公司　　2021 年 12 月 4 日　　存放地点：批发部仓库

货号	品名	规格	单位	应收数量	实收数量	单价	金额
	黄鱼		千克	100		18.00	1,800.00
合计							￥1,800.00

商品类别：水产类

入库联

收货人：刘刚

10.3/4

中国工商银行
支 票 存 根
XVI0013698021
附加信息＿＿＿＿＿＿＿＿
＿＿＿＿＿＿＿＿＿＿＿＿
＿＿＿＿＿＿＿＿＿＿＿＿

出票日期 2021 年 12 月 4 日
收款人：黄沙水产公司
金　额：￥2034.00
用　途：购货
单位主管：邓顺文　会计：张小亚

广东增值税专用发票

No 14600000

发票联

开票日期：2021年12月4日

购买方	名称：燕华商贸有限公司
	纳税人识别号：4400018631465
	地址、电话：广州市中山三路154号 83487965
	开户行及账号：工商银行越秀支行 010-0134-10012335766

密码区：（略）

货物或应税劳务、服务名称	规格型号	单位	数量	单价	金额	税率	税额
黄鱼		千克	100	18.00	1800.00	13%	234.00
合计					¥1800.00		¥234.00

价税合计（大写）：㊣贰仟零叁拾肆圆整　（小写）¥2034.00

销售方	名称：黄沙水产公司
	纳税人识别号：44000536034695
	地址、电话：（略）82686980
	开户行及账号：工商银行 954678052423

备注：（黄沙水产公司 发票专用章）

收款人：李井　复核：张宁　开票人：陈新民

中国工商银行汇票申请书（存根） 1

申请日期 2021年12月4日

申请人	燕华商贸有限公司	收款人	中山兴旺食品公司
账号或住址	010-0134-10012335766	账号或住址	220-1230-5673
用途	采购商品	代理付款行	建设银行

汇票金额：人民币（大写）壹万玖仟圆整　￥19000.00

备注：（中国工商银行越秀支行 2021.12.4 转讫）

科目：采购商品
对方科目：其他货币资金——银行汇票

财务主管　复核　经办

银行汇票 2

编号：191716

付款期限：壹个月

出票日期：贰零贰壹年 拾贰月 零肆日　代理付款行：　行号：

收款人：中山兴旺食品公司

出票金额：人民币（大写）壹万玖仟圆整

实际结算金额：人民币（大写）

申请人：燕华商贸有限公司
出票行：工商银行越秀支行
备注：
出票行签章：（工商银行越秀支行 2021.12.4 汇票专用章）

账号：010013410012335766

多余金额：

左侧退回多余金额已收入你账户内

此联出票行结清多余款后交申请人

12.1/2

收 货 单

编号：1003006

供货单位：中山兴旺食品公司　　2021年12月5日　　存放地点：批发部仓库

货号	品　名	规　格	单　位	应收数量	实收数量	单价	金　额
（略）	夹心饼干		盒	1500	1400	12.00	16,800.00
	曲奇饼干		盒	600	650	9.50	6,175.00
合　计							￥22,975.00

商品类别：食品类

入库联

收货人：刘　刚

12.2/2

商品购进短缺溢余报告单

2021年12月5日　　　　　　　　编号：00081

货号	品名	单位	应收数量	实收数量	单价	短缺数量	短缺金额	溢余数量	溢余金额
	夹心饼干	盒	1500	1400	12.00	100	1,200.00		
	曲奇饼干	盒	600	650	9.50			50	475.00
合　计							￥1200.00		￥475.00

供货单位：中山兴旺食品公司　　　处理意见：　　　溢余或短缺原因：待查
专用发票号码：

制单：刘　刚

13.1/1

收 货 单

编号：1003004

收货部门：食品组　　2021 年 12 月 5 日　　供货单位：上海蓝天公司

商品名称	购进价格 单位	购进价格 数量	购进价格 单价	购进价格 金额	零售价格 单位	零售价格 数量	零售价格 单价	零售价格 金额	进销差价
曲奇饼干	盒	300	9.12	2,736.00	盒	300	12.80	3,840.00	1104.00
合　计				￥2,736.00				￥3,840.00	￥1,104.00

入库联

收货人：王静芳

14.1/4

广东增值税专用发票 № 14600000

4400000000

发票联   开票日期：2021年12月6日

购买方	名称：燕华商贸有限公司 纳税人识别号：4400018631465 地址、电话：广州市中山三路154号 83487965 开户行及账号：工商银行越秀支行 010-0134-10012335766	密码区	（略）

货物或应税劳务、服务名称	规格型号	单位	数量	单价	金额	税率	税额
夹心饼干		盒	1000	11.50	11500.00	13%	1495.00
合计					¥11500.00		¥1495.00
价税合计（大写）	⊗壹万贰仟玖佰玖拾伍圆整				（小写）¥12995.00		

销售方	名称：中山兴旺食品公司 纳税人识别号：4400058903984 5 地址、电话：（略）42276577 开户行及账号：建设银行 220-1230-5673	备注	（中山兴旺食品公司 发票专用章）

收款人：李浩   复核：张月   开票人：陈小丽   销售方：（章）

第三联：发票联 购买方记账凭证

14.2/4

收 货 单

编号：01106

供货单位：中山兴旺食品公司   2021年12月6日   收货部门：批发部

货号	品名	规格	单位	应收数量	实收数量	单价	金额
（略）	夹心饼干		盒	1000		11.50	11,500.00
合计							¥11,500.00

商品类别：食品类

收货人：刘刚

结算联

14.3/4

中国工商银行

银行汇票   2

编号：191716

付款期限 壹个月

出票日期：贰零贰壹年拾贰月零陆日   代理付款行：   行号：

收款人：中山兴旺食品公司

出票金额：人民币：（大写）壹万玖仟圆整

实际结算金额：人民币：（大写）壹万叁仟壹佰玖拾伍圆整   ¥13195.00

申请人：燕华商贸有限公司   账号：0100134410012335766

出票行：工商银行越秀支行

备注：

出票行签章：（工商银行越秀支行 2021.12.6 汇票专用章）

多余金额：

左侧退回多余金额已收入你账户内

此联出票行结清多余款后交申请人

广东增值税专用发票 №14605XXX

14.4/4 4400000000
发票联 开票日期：2021年12月6日

购买方	名称：燕华商贸有限公司 纳税人识别号：4400018631465 地址、电话：广州市中山三路154号 83487965 开户行及账号：工商银行越秀支行 010-0134-10012335766	密码区	（略）

货物或应税劳务、服务名称	规格型号	单位	数量	单价	金额	税率	税额
运费					183.49	9%	16.51
合计					¥183.49		¥16.51

价税合计（大写）：⊗贰佰圆整　　（小写）¥200.00

销售方	名称：中山兴旺食品公司 纳税人识别号：44000589039845 地址、电话：（略）42276577 开户行及账号：建设银行 220-1230-5673	备注	中山兴旺食品公司 发票专用章

收款人：　　复核：　　开票人：刘云　　销售方：（章）

工商银行 进账单（回单） 1

15.1/2　2021年12月6日

出票人	全称：安华商场 账号：025-96132 开户银行：建设银行	收款人	全称：燕华商贸有限公司 账号：010-0134-10012335766 开户银行：工商银行越秀支行

金额　人民币（大写）：叁万捌仟零捌拾壹圆整　　¥38081.00

票据种类	支票	票据张数	壹张
票据号码			

中国工商银行越秀支行 2021.12.6 转讫

复核　记账　　开户银行盖章

广东增值税专用发票 №14605XXX

15.2/2　4400000000
此联不作报销、抵扣凭证使用　开票日期：2021年12月6日

购买方	名称：安华商场 纳税人识别号：56000025432612 地址、电话：（略）83672546 开户行及账号：建设银行 025-96132	密码区	（略）

货物或应税劳务、服务名称	规格型号	单位	数量	单价	金额	税率	税额
曲奇饼干		盒	500	11.60	5800.00	13%	754.00
夹心饼干		盒	1800	15.50	27900.00	13%	3627.00
合计					¥33700.00		¥4381.00

价税合计（大写）：⊗叁万捌仟零捌拾壹圆整　　（小写）¥38081.00

销售方	名称：燕华商贸有限公司 纳税人识别号：4400018631465 地址、电话：广州市中山三路154号 83487965 开户行及账号：工商银行越秀支行 010-0134-10012335766	备注	燕华商贸有限公司 发票专用章

收款人：王芳　　复核：张辰　　开票人：王勇　　销售方：（章）

16.1/1

中国工商银行 信汇凭证 4（收款通知或取款依据） 第 号
委托日期：2021 年 12 月 6 日　　应解汇款编号：

收款人	全　称	中山兴旺食品公司	汇款人	全　称	燕华商贸有限公司
	账号或地址	220-1230-5673		账号	010-0134-10012335766
	开户银行	建设银行　汇出行名称		开户银行	工商银行　汇入行名称

汇票金额（人民币大写）：壹万圆整　　￥10000.00

汇出用途：预付购货款

上列款项已代进账，如有错误，请持此联，来行面洽　　上列款项已照收无误

科目　对方科目　汇入行解汇日期　复核　记账

（中国工商银行 越秀支行 2021.12.6 转讫）

（汇入行盖章）　　（收款人盖章）　　出纳

　　年　月　日　　　　年　月　日

17.1/1

中国工商银行
银行汇票（多余款收账通知） 4

付款期限 壹个月　　编号：191716
出票日期：贰零贰壹年 拾贰月零柒日　　代理付款行：工行 行号：

收款人：	中山兴旺食品公司
出票金额：人民币：（大写）	壹万玖仟圆整
实际结算金额：人民币：（大写）壹万叁仟壹佰玖拾伍圆整	￥13195.00
申请人：燕华商贸有限公司	账号：010013410012335766
出票行：工商银行越秀支行	
备注：	多余金额　￥5805.00
出票行签章：	

（中国工商银行 越秀支行 已收入我行账内 2021.12.7 转讫）

此联出票行结清多余款后交申请人
右侧退回多余金额已收入我行账内

18.1/2

4400000000　　**广东增值税专用发票**　　№ 14605XXX

发票联　　开票日期：2021 年 12 月 7 日

购买方	名　称：	燕华商贸有限公司	密码区	（略）
	纳税人识别号：	4400018631465		
	地址、电话：	广州市中山三路 154 号 83487965		
	开户行及账号：	工商银行越秀支行 010-0134-10012335766		

货物或应税劳务、服务名称	规格型号	单位	数量	单价	金额	税率	税额
广告费					18867.92	6%	1132.08
合　计					￥18867.92		￥1132.08

价税合计（大写）：⊗ 贰万圆整　　（小写）￥20000.00

销售方	名　称：	华联广告公司	备注	（华联广告公司 发票专用章）
	纳税人识别号：			
	地址、电话：	（略）		
	开户行及账号：			

收款人：李艳　　复核：　　开票人：李志宏　　销售方：（章）

第三联：发票联　购买方记账凭证

18.2/2

中国工商银行
支票存根
XVI0013698022
附加信息：
_____

出票日期 2021 年 12 月 7 日
收款人：华联广告公司
金　额：¥20,000.00
用　途：广告费

单位主管 郑顺文　会计 张小玉

19.1/1

代销商品收货单

委托单位：顺意服装厂　　2021 年 12 月 7 日　　存放地点：服装组　　编号：0120111

货号	品名	规格	单位	应收数量	实收数量	单价	金额
	女时装	中号	套	50	50	210.00	10,500.00

货　号：　　　　　　　　　　　　　　　　　　　　　　¥10,500.00
商品类别：服装类

入库联

收货人：王静芳

20.1/1

中国工商银行 广州市分行
电子报税付款通知

开户银行：工行越秀支行　　扣款日期：2021 年 12 月 7 日　　收款国库：国家金库广州市白云区　　编号：000001

纳税人代码		税务征收机关	白云区税务局
纳税人全称	盛华商贸有限公司	银行账号	010-0134-10012335766
纳税流水号	税　种	税款所属时间	实缴税额
	所得税	2021 年 11 月 1~31 日	17,174.70
	增值税	2021 年 11 月 1~31 日	42,047.00
	营业税	2021 年 11 月 1~31 日	1,800.00
	城市维护建设税	2021 年 11 月 1~31 日	3,069.29
	教育费附加	2021 年 11 月 1~31 日	1,315.41
合计金额	(大写) 陆万伍仟肆佰零陆元肆角整		¥65,406.40
本付款通知经与银行对账单记录核对一致有效。		上述税款已经扣款，请与帐行对账单核对一致。扣款银行（盖章）	

中国工商银行广州分行越秀支行 2021.12.7 业务章

21.1/1

商品内部调拨单

调入部门：服装组　　2021 年 12 月 7 日　　调出部门：批发部

品名	计量单位	数量	零售价格		购进价格		商品进销差价
			单价	金额	单价	金额	
男西装	套	80	380.00	30,400.00	289.80	23,184.00	7,216.00
合　计				¥30,400.00		¥23,184.00	¥7,216.00

审核：李文辉　　　　　制单：张红霞

22.1/2

差 旅 费 报 销 单

2021 年 12 月 7 日

项目	火车费	汽车费	市内交通	旅馆费	住宿费	其他	合计
数量		5			2		
金额		260.00			1360.00	100.00	1720.00
人民币（合计）壹仟柒佰贰拾圆整							
出差事由	采购商品		出差起止日期		11月7日～11月13日		
借款人	王林森	原借金额	2,000.00	实报金额	1,720.00	审批人	邓顺义

22.2/2

收 据

2021 年 12 月 7 日

今收到 王林森 2,000元，其中现金280元，报销1,720元。

金额（大写）贰 仟 圆 整　　　　　　　¥ 2,000.00

（现金收讫）

出纳：王芳　　　经手人：王林森

23.1/5

广东增值税专用发票　　№ 14600000

4400000000　　发票联　　开票日期：2021 年 12 月 7 日

购买方	名　称：燕华商贸有限公司 纳税人识别号：4400018631465 地址、电话：广州市中山三路154号　83487965 开户行及账号：工商银行越秀支行 010-0134-10012335766	密码区	（略）

货物或应税劳务、服务名称	规格型号	单位	数量	单价	金额	税率	税额
夹心饼干		盒	1000	12.00	12000.00	13%	1560.00
合　　计					¥12000.00		¥1560.00

价税合计（大写）　⊗壹万叁仟伍佰陆拾圆整　　　　（小写）¥13560.00

销售方	名　称：中山兴旺食品公司 纳税人识别号：44000589039845 地址、电话：（略）42276577 开户行及账号：建设银行 220-1230-5673	备注	中山兴旺食品公司 发票专用章

收款人：李浩　　复核：张月　　开票人：陈小丽　　销售方：（章）

第三联：发票联　购买方记账凭证

23.2/5

广东增值税专用发票 № 14605XXX

4400000000

此联不作报销 抵扣税凭证使用　　开票日期：2021 年 12 月 7 日

购买方	名　称	燕华商贸有限公司	密码区	（略）
	纳税人识别号	4400018631465		
	地址、电话	广州市中山三路154号　83487965		
	开户行及账号	工商银行越秀支行 010-0134-10012335766		

货物或应税劳务、服务名称	规格型号	单位	数量	单价	金额	税率	税额
运费					137.61	9%	12.39
合　计					¥137.61		¥12.39

价税合计（大写）　⊗壹佰伍拾圆整　　　　　　　　　　（小写）¥150.00

销售方	名　称	中山兴旺食品公司	备注	（中山兴旺食品公司 发票专用章）
	纳税人识别号	44000589039845		
	地址、电话	（略）42276577		
	开户行及账号	建设银行 220-1230-5673		

收款人：李浩　　复核：张月　　开票人：刘云　　销售方：（章）

23.3/5 委电

委托收款凭证（付款通知）5

委托号码：第C0307号

委托日期：2021 年 12 月 7 日　　付款日期：2021 年 12 月 7 日

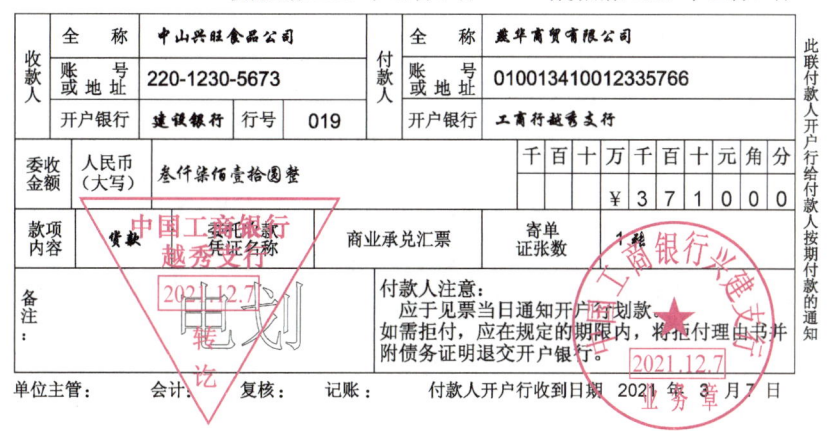

收款人	全　称	中山兴旺食品公司	付款人	全　称	燕华商贸有限公司
	账号或地址	220-1230-5673		账号或地址	0100134100012335766
	开户银行	建设银行　行号 019		开户银行	工商行越秀支行

委收金额	人民币（大写）	叁仟柒佰壹拾圆整	千百十万千百十元角分
			¥ 3 7 1 0 0 0

款项内容	货款	凭证名称	商业承兑汇票	寄单证张数	1张

备注：

付款人注意：
应于见票当日通知开户行划款。
如需拒付，应在规定的期限内，将拒付理由书并附债务证明退交开户银行。

单位主管：　会计：　复核：　记账：　付款人开户行收到日期 2021 年 12 月 7 日

23.4/5

收　货　单

编号：01107

供货单位：中山兴旺食品公司　　2021 年 12 月 7 日　　收货部门：批发部

货号	品名	规格	单位	应收数量	实收数量	单价	金额
（略）	夹心饼干		盒	1000		12.00	12,000.00
合计							¥12,000.00

商品类别：食品类

收货人：刘刚

23.5/5

收 货 单

编号：01107

供货单位：中山兴旺食品公司　　2021 年 12 月 7 日　　存放地点：批发部仓库

货号	品名	规格	单位	应收数量	实收数量	单价	金额
（略）	夹心饼干		盒	1000	1000	12.00	12,000.00
合计							¥12,000.00

商品类别：食品类

入库联

收货人：刘刚

24.1/1

4400000000　广东增值税专用发票　№ 14605XXX

此联不作报销、扣税凭证使用　　开票日期：2021 年 12 月 8 日

购买方：
名　　称：大新商场
纳税人识别号：56000025432611
地　址、电　话：（略）83672541
开户行及账号：工商银行 025-96131

密码区：（略）

货物或应税劳务、服务名称	规格型号	单位	数量	单价	金额	税率	税额
夹心饼干		盒	1000	15.50	15500.00	13%	2015.00
曲奇饼干		盒	300	11.60	3480.00	13%	452.40
合　　计					¥18980.00		¥2467.40

价税合计（大写）：⊗ 贰万壹仟肆佰肆拾柒圆肆角整　　（小写）¥21447.40

销售方：
名　　称：燕华商贸有限公司
纳税人识别号：4400018631465
地　址、电　话：广州市中山三路154号83487965
开户行及账号：工商银行越秀支行010-0134-10012335766

备注：燕华商贸有限公司 发票专用章

收款人：王芳　　复核：张辰　　开票人：王勇　　销售方：（章）

第一联：记账联　销售方记账凭证

25.1/8

商品销售收入缴款单

缴款部门：食品组　　2021 年 12 月 10 日

货款种类	张数	金　额	货款种类	张数	金　额
现金：			银行卡签购单	1	1,900.00
其中：票面100元	105	10,500.00	转账支票		
票面50元	1	50.00	银行本票		
票面20元	2	40.00			
票面10元	7	70.00			
票面5元					
票面1元					
角票、分币					

收讫

缴款金额人民币（大写）壹万贰仟伍佰陆拾圆整　　¥ 12,560.00

缴款人：王波　　收款人：王芳

25.2/8

商品销售收入缴款单

缴款部门：服装组　　　　2021年12月10日

货款种类	张数	金　额	货款种类	张数	金　额
现金：			银行卡签购单	2	5,570.00
其中：票面100元	2637	263,700.00	转账支票	1	18,000.00
票面50元	1	50.00	银行本票		
票面20元	2	40.00			
票面10元	10	100.00			
票面5元	8	40.00			
票面1元					
角票、分币					

缴款金额人民币（大写）贰拾捌万柒仟伍佰圆整　　　　￥ 287,500.00

缴款人：王波　　　　　　　　　　收款人：王芳

（收讫）

25.3/8

商品销售收入缴款单

缴款部门：首饰组　　　　2021年12月10日

货款种类	张数	金　额	货款种类	张数	金　额
现金：			银行卡签购单	3	25,500.00
其中：票面100元	594	59,400.00	转账支票	1	17,000.00
票面50元	1	50.00	银行本票		
票面20元	2	40.00			
票面10元	1	10.00			
票面5元					
票面1元					
角票、分币					

缴款金额人民币（大写）壹拾万贰仟圆整　　　　￥ 102,000.00

缴款人：王波　　　　　　　　　　收款人：王芳

（收讫）

25.4/8

工商银行　　**进账单**　　（回　单）　1

2021年12月10日

出票人	全　称	美华公司	收款人	全　称	燕华商贸有限公司
	账　号	021-6547-321561		账　号	010-0134-10012335766
	开户银行	建设银行白云分行		开户银行	工商银行越秀支行

金额	人民币（大写）叁万伍仟圆整	亿 千 百 十 万 千 百 十 元 角 分
		￥　　　3 5 0 0 0 00

票据种类	支票	票据张数	贰张
票据号码			

复核　　　记账

此联是开户银行交给持（出）票人的回单

中国工商银行越秀支行 2021.12.10 开户银行盖章

转讫

25.5/8

中国工商银行广州市(越秀支行)现金送款单(回单) ①

2021 年 12 月 10 日

款项来源	销货款	收款人	全 称	燕华商贸有限公司
解款部门	财务部		账 号	010-0134-10012335766

人民币(大写)：叁拾叁万肆仟零玖拾圆整　￥334090.00

票面	张数	票面	张数	种类	百	十	元	角	分
一百元	3336	五元	8	五角					
五十元	3	二元		一角					
二十元	6	一元		分币					
十元	18								

（收款银行盖章）中国工商银行越秀支行　现金收讫

此联由银行盖章后退解款人

25.6/8

Uninon Pay 银联 签购单　商户存根

特约商户名称：燕华商贸有限公司
POS号：000612
终端机号：20869003
特约商户编号：102290053110632

卡别/卡号
8418 2367 8372 1109 (工行)
交易类型：消费　有效期：29/12
批次号码：872136　查询号：6823
时间/日期 21/12/10
序号：200213066　授权号：80559
金额：￥1 900.00
（同意支付上述款项）

（持卡人签字）王帅

Uninon Pay 银联 签购单　商户存根

特约商户名称：燕华商贸有限公司
POS号：000613
终端机号：20869003
特约商户编号：102290053110632

卡别/卡号
5309 7086 3654 2981 (工行)
交易类型：消费　有效期：29/12
批次号码：8726692　查询号：5736
时间/日期 21/12/10
序号：191347030　授权号：64817
金额：￥3 000.00
（同意支付上述款项）

（持卡人签字）陈红

Uninon Pay 银联 签购单　商户存根

特约商户名称：燕华商贸有限公司
POS号：000613
终端机号：20869003
特约商户编号：102290053110632

卡别/卡号
5309 7086 3654 2981 (工行)
交易类型：消费　有效期：29/12
批次号码：878215　查询号：7621
时间/日期 21/12/10
序号：194804050　授权号：75271
金额：￥2 570.00
（同意支付上述款项）

（持卡人签字）徐敏丽

25.7/8

Uninon Pay 银联 签购单　商户存根

特约商户名称：燕华商贸有限公司
POS号：000612
终端机号：20869003
特约商户编号：102290053110632

卡别/卡号
8418 2367 8372 1109 (工行)
交易类型：消费　有效期：29/12
批次号码：872136　查询号：6823
时间/日期 21/12/10
序号：200211898　授权号：80559
金额：￥22 830.00
（同意支付上述款项）

（持卡人签字）张丹阳

Uninon Pay 银联 签购单　商户存根

特约商户名称：燕华商贸有限公司
POS号：000613
终端机号：20869003
特约商户编号：102290053110632

卡别/卡号
5309 7086 3654 2981 (工行)
交易类型：消费　有效期：29/12
批次号码：8726692　查询号：5736
时间/日期 21/12/10
序号：191347536　授权号：64817
金额：￥880.00
（同意支付上述款项）

（持卡人签字）王红兵

Uninon Pay 银联 签购单　商户存根

特约商户名称：燕华商贸有限公司
POS号：000613
终端机号：20869003
特约商户编号：102290053110632

卡别/卡号
5309 7086 3654 2981 (工行)
交易类型：消费　有效期：29/12
批次号码：878215　查询号：7621
时间/日期 21/12/10
序号：194763070　授权号：75271
金额：￥1 790.00
（同意支付上述款项）

（持卡人签字）张文

25.8/8

中国工商银行银联卡 汇计单

编号:	08325
日 期	2021年12月10日
特约单位名称: 燕华商贸有限公司	
签购单总份数	6
总计金额	¥32,970.00
手续费9‰	296.73
特约单位编号:	
净计金额	¥32,673.27

第一联：银行盖章后退特约单位作交费收据

26.1/3

广东增值税专用发票 № 14600000
发票联

4400000000

开票日期：2021年12月10日

购买方	名 称：	燕华商贸有限公司	密码区	（略）
	纳税人识别号：	4400018631465		
	地址、电话：	广州市中山三路154号 83487965		
	开户行及账号：	工商银行越秀支行 010-0134-10012335766		

货物或应税劳务、服务名称	规格型号	单位	数量	单价	金额	税率	税额
男西装		套	500	315.00	157500.00	13%	20475.00
女时装		套	300	200.00	60000.00	13%	7800.00
合 计					¥217500.00		¥28275.00

价税合计（大写）	⊗贰拾肆万伍仟柒佰柒拾伍圆整	（小写）¥245775.00

销售方	名 称：	中山丰达制衣公司	备注	
	纳税人识别号：	35640023121563		
	地址、电话：	（略）7564321		
	开户行及账号：	农业银行 01-56724892		

收款人：王佳　　复核：刘阳华　　开票人：张健　　销售方：（章）

第三联：发票联 购买方记账凭证

26.2/3

商业承兑汇票

出票日期（大写）：贰零贰壹年拾贰月壹拾日　　编号：671231

付款人	全 称	燕华商贸有限公司	收款人	全 称	中山丰达制衣公司
	账 号	010013410012335766		账 号	01-56724892
	开户银行	工商银行越秀支行		开户银行	农行

出票金额	人民币（大写）	贰拾肆万伍仟柒佰柒拾伍圆整	亿千百十万千百十元角分
			¥ 2 4 5 7 7 5 0 0

汇票到期日（大写）	贰零贰壹年拾贰月壹拾日	付款人	行号	
交易合同号码		开户行	地址	
备注				

此联承兑人存根

26.3/3

收 货 单

编号：1003005

收货部门：服装部　　2021 年 12 月 10 日　　供货单位：中山丰达制衣公司

商品名称	购进价格				零售价格				进销差价
	单位	数量	单价	金额	单位	数量	单价	金额	
男西装	套	500	315	157,500.00	套	500	380	190,000.00	32,500.00
女时装	套	300	200	60,000.00	套	300	260	78,000.00	18,000.00
合　计				¥217,500.00				¥268,000.00	¥50,500.00

收货人：孙红梅

27.1/3

3100000000　上海增值税专用发票　№ 00156781

发票联　　开票日期：2021 年 12 月 10 日

购买方：
- 名　称：燕华商贸有限公司
- 纳税人识别号：4400018631465
- 地址、电话：广州市中山三路 154 号　83487965
- 开户行及账号：工商银行越秀支行 010-0134-10012335766

密码区：（略）

货物或应税劳务、服务名称	规格型号	单位	数量	单价	金额	税率	税额
男西装		套	1000	290.00	290000.00	13%	37700.00
女时装		套	500	200.00	100000.00	13%	13000.00
合　计					¥390000.00		¥50700.00
价税合计（大写）		⊗肆拾肆万零柒佰圆整				（小写）¥440700.00		

销售方：
- 名　称：上海蓝天公司
- 纳税人识别号：24054186314651
- 地址、电话：（略）23487965
- 开户行及账号：工商银行南京路支行 022-134-123356

收款人：王佳　　复核：刘阳华　　开票人：张健　　销售方：（章）

（上海蓝天公司 发票专用章）

第三联：发票联　购买方记账凭证

27.2/3

收 货 单

编号：01108

供货单位：上海蓝天公司　　2021 年 12 月 10 日　　收货部门：批发部

货号	品 名	规格	单 位	应收数量	实收数量	单 价	金 额
（略）	男西装		套	1000		290.00	290,000.00
	女时装		套	500		200.00	100,000.00
合　计							¥390,000.00

商品类别：服装类

收货人：刘刚

27.3/3

上海增值税专用发票 № 00156780

3100000000

发票联　开票日期：2021年12月10日

购买方	名　　称：燕华商贸有限公司
	纳税人识别号：4400018631465
	地址、电话：广州市中山三路154号 83487965
	开户行及账号：工商银行越秀支行 010-0134-10012335766

密码区：（略）

货物或应税劳务、服务名称	规格型号	单位	数量	单价	金额	税率	税额
运费					426.61	9%	38.39
合　　计					¥426.61		¥38.39
价税合计（大写）　⊗肆佰陆拾伍圆整					（小写）¥465.00		

销售方	名　　称：上海铁路公司
	纳税人识别号：230105178263301
	地址、电话：上海虹桥23087645
	开户行及账号：工商银行虹桥支行 622270316543210

备注：（上海铁路公司 发票专用章）

收款人：张佳　　复核：李健　　开票人：王华　　销售方：（章）

第三联：发票联　购买方记账凭证

28.1/2

收 货 单

编号：01108

供货单位：上海蓝天公司　　2021年12月11日　　存放地点：批发部仓库

货号	品　名	规格	单位	应收数量	实收数量	单价	金　额
（略）	男西装		套	1000	1000	290.00	290,000.00
	女时装		套	500	495	200.00	99,000.00
合　计							¥389,000.00
商品类别：服装类							

入库联

收货人：刘刚

28.2/2

商品购进短缺溢余报告单

2021 年 12 月 11 日　　编号：01102

货号	品名	单位	应收数量	实收数量	单价	短缺数量	短缺金额	溢余数量	溢余金额
	女时装	套	500	495	200	5	1,000.00		
合　计							¥1,000.00		

供货单位：上海蓝天公司　　处理意见：　　溢余或短缺原因：待查

专用发票号码：

制单：刘刚

29.1/1

分期收款发出商品出库单

委托方：燕华商贸有限公司　　2021年12月11日　　受托方：揭阳市万联商场

品　名	单位	数量	进价单价	进价金额	售价单价	售价金额
夹心饼干	盒	1000	12.00	12,000.00	15.50	15,500.00
曲奇饼干	盒	250	9.50	2,375.00	11.60	2,900.00
合　计				¥14,375.00		¥18,400.00

出库地点：批发部仓库　　保管员：刘刚

30.1/2

广东增值税专用发票 № 14605XXX

4400000000

此联不作报销、抵扣凭证使用　开票日期：2021年12月12日

购买方	名　　称：揭阳市万联商场 纳税人识别号：3509291458473 地　址、电话：揭阳市南山三路154号　83487966 开户行及账号：工商银行 025-5964-3217	密码区	（略）

货物或应税劳务、服务名称	规格型号	单位	数量	单价	金额	税率	税额
女时装		套	800	238.00	190400.00	13%	24752.00
男西装		套	500	358.00	179000.00	13%	23270.00
合　　　计					¥369400.00		¥48022.00
价税合计（大写）	⊗肆拾壹万柒仟肆佰贰拾贰圆整				（小写）¥417422.00		

销售方	名　　称：燕华商贸有限公司 纳税人识别号：4400018631465 地　址、电话：广州市中山三路154号　83487965 开户行及账号：工商银行越秀支行 010-0134-10012335766	备注	（燕华商贸有限公司发票专用章）

收款人：王芳　　　复核：张辰　　　开票人：王勇　　　销售方：（章）

30.2/2

托 收 凭 证（回单） 1

编号：561207

委托日期：2021年12月12日　付款期限　年 月 日

业务类	委托收款（□邮划□电划）　托收承付（□邮划□电划）

付款人	全　称	揭阳市万联商场	收款人	全　称	燕华商贸有限公司
	账　号	025-5964-3217		账　号	010-0134-10012335766
	开户银行	工商银行		开户银行	工商银行越秀支行

金额	人民币（大写）	肆拾壹万柒仟肆佰贰拾贰圆整	亿千百十万千百十元角分 ¥ 4 1 7 4 2 2 0 0

款项名称	货款（服装）	托收凭证名称	发票	附寄单证张数	2

商品发运情况：
合同名称号码：
备注：

（中国工商银行越秀支行 2021.12.12 业务章）

31.1/1

收 货 单

编号：1003005

收货部门：服装组　　2021年12月12日　　供货单位：中山丰达制衣公司

商品名称	购进价格			零售价格			进销差价
	单位	数量	单价	金额	单位	数量	单价	金额	
男西装	套	500	315.00	157,500.00	套	500	380.00	19,0000.00	32,500.00
女时装	套	300	200.00	60,000.00	套	300	260.00	78,000.00	18,000.00
合计				¥217,500.00				¥268,000.00	¥50,500.00

收货人：孙红梅

32.1/2

中国工商银行
支票存根
XVI0013698023
附加信息 _____

出票日期 2021 年 12 月 13 日
收款人：燕华商贸有限公司
金　额：¥ 140,000.00
用　途：农产品收购

单位主管：郑顺文　会计：张小亚

32.2/2

农副产品收购汇总表

填报单位：芳村收购站　　2021 年 12 月 13 日　　第 0346 号

品名	等级	单位	数量	单价	金额	备注
苹果	一级	15千克/箱	1000	138.00	138,000.00	免税农产品
合计					¥138,000.00	现金付记

审核：张越　　　　　　　　　　　制单：王伟

33.1/4

收 货 单

编号：1003005

收货部门：**首饰组**　　2021年12月13日　　供货单位：**顺德鑫金公司**

商品名称	购进价格				零售价格				进销差价
	单位	数量	单价	金额	单位	数量	单价	金额	
项链	条	10	7000	70,000.00	条	10	8,500.00	85,000.00	15,000.00
合　计				¥70,000.00				¥85,000.00	¥15,000.00

结算联

收货人：王静芳

33.2/4

收 货 单

编号：1003005

收货部门：**首饰组**　　2021年12月13日　　供货单位：**顺德鑫金公司**

商品名称	购进价格				零售价格				进销差价
	单位	数量	单价	金额	单位	数量	单价	金额	
项链	条	10	7000	70,000.00	条	10	8,500	85,000.00	15,000.00
合　计				¥70,000.00				¥85,000.00	¥15,000.00

入库联

收货人：王静芳

33.3/4

4400000000　广东增值税专用发票　№ 14600000

发票联　　开票日期：2021 年 12 月 13 日

购买方	名　称：燕华商贸有限公司 纳税人识别号：4400018631465 地址、电话：广州市中山三路154号 83487965 开户行及账号：工商银行越秀支行 010-0134-10012335766	密码区	（略）

货物或应税劳务、服务名称	规格型号	单位	数量	单价	金额	税率	税额
项链		条	10	7000.00	70000.00	13%	9100.00
合　计					¥70000.00		¥9100.00

价税合计（大写）　⊗柒万玖仟壹佰圆整　　　　（小写）¥79100.00

销售方	名　称：顺德鑫金公司 纳税人识别号：35640023121563 地址、电话：（略）7564321 开户行及账号：工商银行朝阳支行010-0754-10057567355	备注	（顺德鑫金公司 发票专用章）

收款人：王佳文　　复核：刘阳　　开票人：张健华　　销售方：（章）

第三联：发票联　购买方记账凭证

33.4/4　　　　中国工商银行　电汇凭证　4（收款通知或取款依据）　第　号

委托日期：2021年12月14日　　　应解汇款编号：

收款人	全　称	顺德鑫金公司	汇款人	全　称	燕华商贸有限公司
	账号或地址	010-0754-10057567355		账号	010-0134-10012335766
	开户银行	工商银行朝阳支行 汇出行名称		开户银行	工商银行越秀支行 汇入行名称

汇票金额（人民币大写）	柒万玖仟壹佰圆整	千百十万千百十元角分 ¥ 7 9 1 0 0 0 0

汇出用途：支付货款（项链）

上列款项已代进账，如有错误，请持此联，来行面洽

上列款项已照收无误

科目
对方科目
汇入行解汇日期　年　月　日
复核　　　出纳
记账　　　转讫

（汇入行盖章）　　收款人盖章

34.1/1　　　　　托收承付　凭证　（承付支款 通知）　5　第　号

委托日期：2021年12月14日　　　托收号码：

付款人	全　称	揭阳市万联商场	收款人	全　称	燕华商贸有限公司
	账号或地址	025-5964-3217		账号	010-0134-10012335766
	开户银行	工商银行		开户银行	工商银行　行号

托收金额	人民币（大写）	肆拾壹万柒仟肆佰贰拾贰元整	千百十万千百十元角分 ¥ 4 1 7 4 2 2 0 0

附件	商品发运情况		合同名称号码
附寄单证张数或册数	略	××	
备注		付款人注意：（略）	

此联是付款人开户银行通知付款人按期承付货款的承付支款通知

单位主管：　会计：　复核：　记账：　付款人开户银行盖章　月　日

35.1/3　　　　　　　　　　商品购进短缺溢余报告单

2021年12月15日　　　　　　　　编号：00081

货号	品名	单位	应收数量	实收数量	单价	短缺		溢余	
						数量	金额	数量	金额
（略）	夹心饼干	盒	1500	1400	12.00	100	1200.00		
	曲奇饼干	盒	600	650	9.50			50	475.00
	合　计						¥1,200.00		¥475.00

供货单位：中山兴旺食品公司
专用发票号码：

溢余或短缺原因：短缺：50盒运输部门赔偿；50盒供货方补发。溢余：补作购进

制单：刘刚

35.2/3　　　　　　　　　　　　收　货　单

编号：01109

供货单位：中山兴旺食品公司　　2021年12月15日　　存放地点：批发部

货号	品名	规格	单位	应收数量	实收数量	单价	金额
（略）	夹心饼干		盒	50	50	12.00	600.00
	合　计						¥600.00

商品类别：食品类

入库联

收货人：刘刚

35.3/3

广东增值税专用发票 № 14600000

4400000000

发票联 开票日期：2021 年 12 月 15 日

购买方	名　　称：	燕华商贸有限公司					密码区	（略）		
	纳税人识别号：	4400018631465								
	地　址、电话：	广州市中山三路154号　83487965								
	开户行及账号：	工商银行越秀支行 010-0134-10012335766								

货物或应税劳务、服务名称	规格型号	单位	数量	单价	金额	税率	税额
曲奇饼干		盒	50	9.50	475.00	13%	61.75
合　　　计					¥475.00		¥61.75

价税合计（大写）	⊗伍佰叁拾陆圆柒角伍分	（小写）¥536.75

销售方	名　　称：	中山兴旺食品公司	备注	（中山兴旺食品公司 发票专用章）
	纳税人识别号：	44000589039845		
	地　址、电话：	42276577		
	开户行及账号：	建设银行 220-1230-5673		

收款人：李浩　　　　复核：张月　　　　开票人：陈小丽　　　　销售方：（章）

36.1/5

中国工商银行
支票存根
XVI0013698024
附加信息＿＿＿＿＿＿＿

出票日期 2021 年 12 月 15 日

收款人：	燕华商贸有限公司
金　额：	￥2,500.00
用　途：	展销费

单位主管：邓顺文　会计：张小亚

36.2/5

广东增值税专用发票 № 14600000

4400000000

发票联 开票日期：2021 年 12 月 15 日

购买方	名　　称：	燕华商贸有限公司					密码区	（略）		
	纳税人识别号：	4400018631465								
	地　址、电话：	广州市中山三路154号　83487965								
	开户行及账号：	工商银行越秀支行 010-0134-10012335766								

货物或应税劳务、服务名称	规格型号	单位	数量	单价	金额	税率	税额
印制单证					309.73	13%	40.27
合　　　计					¥309.73		¥40.27

价税合计（大写）	⊗叁佰伍拾圆整	（小写）¥350.00

销售方	名　　称：	林华印务中心	备注	（林华印务中心 发票专用章）
	纳税人识别号：	440086031234567		
	地　址、电话：	广州市天衡路 86753000		
	开户行及账号：	工商银行 6222708812345678123		

收款人：王芳　　　　复核：张白　　　　开票人：张小亚　　　　销售方：（章）

36.3/5 广东增值税专用发票 № 14600000
发票联
开票日期：2021年12月15日

购买方	名称：燕华商贸有限公司 纳税人识别号：4400018631465 地址、电话：广州市中山三路154号 83487965 开户行及账号：工商银行越秀支行 010-0134-10012335766	密码区	（略）

货物或应税劳务、服务名称	规格型号	单位	数量	单价	金额	税率	税额
展销会场地费					1477.48	11%	162.52
合　　　计					¥1477.48		¥1477.48

价税合计（大写）	⊗壹仟陆佰肆拾圆整	（小写）¥1640.00

销售方	名称：琶洲国际会展中心 纳税人识别号：440056031234123 地址、电话：（略）87651023 开户行及账号：工商银行 6222900012345678123	备注	（琶洲国际会展中心 发票专用章）

收款人：王丽　　复核：张芳　　开票人：张亚娜　　销售方：（章）

36.4/5 广东增值税专用发票 № 14600000
发票联
开票日期：2021年12月15日

购买方	名称：燕华商贸有限公司 纳税人识别号：4400018631465 地址、电话：广州市中山三路154号 83487965 开户行及账号：工商银行越秀支行 010-0134-10012335766	密码区	（略）

货物或应税劳务、服务名称	规格型号	单位	数量	单价	金额	税率	税额
修理自动门					452.83	6%	27.17
合　　　计					¥452.83		¥27.17

价税合计（大写）	⊗肆佰捌拾圆整	（小写）¥480.00

销售方	名称：白云快修公司 纳税人识别号：440078881234123 地址、电话：（略）86574000 开户行及账号：工商银行 6222700012345678123	备注	（白云快修公司 发票专用章）

收款人：王林雪　　复核：张方　　开票人：张会英　　销售方：（章）

36.5/5 费用报销单

报销部门：　　　　　　　年　月　日填　　单据及附件共　页

用　途	金　额(元)	部门领导签批
		公司领导审批
合　计		

金额大写：　拾　万　仟　佰　拾　元　角　分　　原借款：　　元　　应退余款：　　元

会计主管：　　　会计：　　　出纳：　　　报销人：　　　领款人：

37.1/1

工资结算汇总表
2021年12月15日

部门	标准工资	病事假扣款	应发标准工资	奖金	食品补贴	应发工资合计	非工资性津贴 车贴	非工资性津贴 房贴
商品经营部门	23 900.00	50.00	23 850.00	2 120.00	800.00	26 770.00	1 500.00	179.00
行政管理部门	6 960.00	10.00	6 950.00	950.00	200.00	8 100.00	140.00	21.00
合　计	30 860.00	60.00	30 800.00	3 070.00	1 000.00	34 870.00	1 640.00	200.00

部门	代扣款项 住房公积金	养老保险金	医疗保险金	失业保险金	个人所得税	工会经费	合计	实发金额
商品经营部门	2 762.50	2 300.00	1 075.00	567.50	133.75	120.93	6 959.68	21 489.32
行政管理部门	568.40	649.10	162.50	81.00	67.00	18.27	1 546.27	6 714.73
合　计	3 330.90	2 949.10	1 237.50	648.50	200.75	139.20	8 505.95	28 204.05

38.1/5

广东增值税专用发票　№14600000

4400000000　　发票联　　开票日期：2021年12月15日

购买方	名　称：燕华商贸有限公司 纳税人识别号：4400018631465 地　址、电　话：广州市中山三路154号　83487965 开户行及账号：工商银行越秀支行 010-0134-10012335766	密码区	（略）

货物或应税劳务、服务名称	规格型号	单位	数量	单价	金额	税率	税额
夹心饼干		盒	300	11.80	3540.00	13%	460.20
合　计					¥3540.00		¥460.20

价税合计（大写）　⊗肆仟圆贰角整　　　　（小写）¥4000.20

销售方	名　称：中山兴旺食品公司 纳税人识别号：44000589039845 地　址、电　话：（略）42276577 开户行及账号：建设银行 220-1230-5673	备注	（中山兴旺食品公司 发票专用章）

收款人：李浩　　　复核：张月　　　开票人：陈小丽　　　销售方：（章）

第三联：发票联 购买方记账凭证

38.2/5

收　货　单

编号：01109

供货单位：中山兴旺食品公司　　2021年12月15日　　收货部门：批发部

货号	品名	规格	单位	应收数量	实收数量	单价	金额
（略）	夹心饼干		盒	300		11.80	3,540.00
合　计							¥3,540.00

商品类别：食品类

收货人：刘刚

结算联

38.3/5

收 货 单

编号：01109

供货单位：中山兴旺食品公司　　2021年12月15日　　存放地点：批发部仓库

货号	品名	规格	单位	应收数量	实收数量	单价	金额
（略）	夹心饼干		盒	300	300	11.80	3,540.00
合计						￥3,540.00

商品类别：食品类

收货人：刘刚

入库联

38.4/5

中国工商银行　信汇凭证 4（收款通知或取款依据）　第　号

委托日期：2021 年 12 月 15 日　　应解汇款编号：

收款人	全称	中山兴旺食品公司	汇款人	全称	燕华商贸有限公司
	账号或地址	220-1230-5673		账号	010-0134-10012335766
	开户银行	建设银行　汇出行名称		开户银行	工商银行　汇入行名称

汇票金额（人民币大写）：肆仟壹佰伍拾圆贰角整　　￥4150.20

汇出用途：购货款

上列款项已代进账，如有错误，请持此联，来行面洽
（汇入行盖章）　年　月　日

上列款项已照收无误
收款人盖章　年　月　日

科目
对方科目
汇入行解汇日期　年　月　日
复核　出纳
记账

（中国工商银行越秀支行　2021.12.15　转讫）

38.5/5

4400000000　**广东增值税专用发票**　№ 14605XXX

发票联

开票日期：2021 年 12 月 15 日

购买方	名称：燕华商贸有限公司
	纳税人识别号：4400018631465
	地址、电话：广州市中山三路154号　83487965
	开户行及账号：工商银行越秀支行 010-0134-10012335766

密码区：（略）

货物或应税劳务、服务名称	规格型号	单位	数量	单价	金额	税率	税额
运费					137.61	9%	12.39
合计					￥137.61		￥12.39

价税合计（大写）：⊗壹佰伍拾圆整　　（小写）￥150.00

销售方	名称：中山兴旺食品公司
	纳税人识别号：44000589039845
	地址、电话：（略）42276577
	开户行及账号：建设银行 220-1230-5673

备注：（中山兴旺食品公司 发票专用章）

收款人：李浩　　复核：张月　　开票人：陈小丽　　销售方：（章）

第三联：发票联　购买方记账凭证

39.1/1

广东增值税专用发票 №14605XXX

4400000000

此联不作报销抵扣税凭证使用　开票日期：2021 年 12 月 15 日

购买方	名称：揭阳市万联商场 纳税人识别号：3509291458473 地址、电话：揭阳市南山三路154号 83487966 开户行及账号：工行 025-5964-3217	密码区	（略）

货物或应税劳务、服务名称	规格型号	单位	数量	单价	金额	税率	税额
夹心饼干		盒	500	15.50	7750.00	13%	1007.50
曲奇饼干		盒	125	11.60	1450.00	13%	188.50
合　　计					¥9200.00		¥1196.00
价税合计（大写）	⊗壹万零叁佰玖拾陆圆整				（小写）¥10396.00		

销售方	名称：燕华商贸有限公司 纳税人识别号：4400018631465 地址、电话：广州市中山三路154号 83487965 开户行及账号：工商银行越秀支行 010-0134-10012335766	备注	(燕华商贸有限公司 发票专用章)

收款人：王芳　　复核：张辰　　开票人：王勇　　销售方：（章）

第一联：记账联　销售方记账凭证

40.1/3

中国工商银行广州市(越秀支行)现金送款单(回单)　①

2021 年 12 月 15 日

款项来源	销货款	收款人	全称	燕华商贸有限公司
解款部门	财务部		账号	010-0134-10012335766

人民币（大写）	伍仟捌佰圆整	千百十万千百十元角分 ￥5 8 0 0 0 0

票面	张数	票面	张数	种类	百 十 元 角 分
一百元	58	一元		五角	
五十元				一角	
十元				分币	
五元					

(中国工商银行越秀支行 现金收讫 收款银行盖章)

此联由银行盖章后退解款人

40.2/3

商品销售收入缴款单

缴款部门：水产部　　2021 年 12 月 15 日

货款种类	张数	金额	货款种类	张数	金额
现金： 其中：票面100元 　　　票面50元 　　　票面20元 　　　票面10元 　　　票面5元 　　　票面1元 　　　角票、分币	30	3,000.00	银行卡签购单 转账支票 银行本票		

(收讫)

缴款金额人民币（大写）叁仟圆整　　　　　¥ 3,000.00

缴款人：王波　　　　　　收款人：王芳

40.3/3

商品销售收入缴款单

缴款部门：水果部　　　　　　　　2021年12月15日

货款种类	张数	金　额	货款种类	张数	金　额
现金： 其中：票面100元 　　　票面50元 　　　票面20元 　　　票面10元 　　　票面5元 　　　票面1元 　　　角票、分币	28	2,800.00	银行卡签购单 转账支票 银行本票 （注：该批水果进价2,000元）		
缴款金额人民币（大写）贰仟捌佰圆整					￥2,800.00

缴款人：王波　　　　　　　　　　收款人：王芳

（收讫）

41.1/3

4400000000　广东增值税专用发票　№ 14600000

发票联　　　　　　　　　　　　开票日期：2021年12月15日

购买方	名　　称：燕华商贸有限公司 纳税人识别号：4400018631465 地　址、电　话：广州市中山三路154号　83487965 开户行及账号：工商银行越秀支行 010-0134-10012335766	密码区	（略）

货物或应税劳务、服务名称	规格型号	单位	数量	单价	金额	税率	税额
夹心饼干		盒	1000	11.80	11800.00	13%	1534.00
曲奇饼干		盒	800	9.60	7680.00	13%	998.40
合　　　计					￥19480.00		￥2532.40
价税合计（大写）　⊗贰万贰仟零壹拾贰圆肆角整					（小写）￥22012.40		

销售方	名　　称：徐记饼干厂 纳税人识别号：44000514034518 地　址、电　话：（略）81276573 开户行及账号：工商银行 021-564-32335672566	备注	（徐记饼干厂 发票专用章）

收款人：李文奇　　　复核：张华　　　开票人：陈小娟　　　销售方：（章）

第三联：发票联　购买方记账凭证

41.2/3

收　货　单

编号：01110

供货单位：徐记饼干厂　　　　　　2021年12月15日　　　　　　收货部门：批发部

货号	品　名	规　格	单　位	应收数量	实收数量	单　价	金　额	
（略）	夹心饼干		盒	1000		11.80	11,800.00	结算联
	曲奇饼干		盒	800		9.60	7,680.00	
合　计							￥19,480.00	
商品类别：食品类								

收货人：刘刚

41.3/3

收货单

编号：01110

供货单位：徐记饼干厂　　2021年12月15日　　存放地点：批发部仓库

货号	品名	规格	单位	应收数量	实收数量	单价	金额
（略）	夹心饼干		盒	1000	1000	11.80	11,800.00
	曲奇饼干		盒	800	800	9.60	7,680.00
合计							￥19,480.00

商品类别：食品类

收货人：刘刚

入库联

42.1/2

4400000000　　**广东增值税专用发票**　　№ 14605XXX

销项负数　　此联不作报销、扣税凭证使用　　开票日期：2021年12月15日

购买方	名　称：揭阳市万联商场 纳税人识别号：3509291458473 地　址、电话：83487966 开户行及账号：工商银行 025-5964-3217	密码区	（略）

货物或应税劳务、服务名称	规格型号	单位	数量	单价	金额	税率	税额
女时装		套	-800	47.60	-38080.00	13%	-4950.40
合　　计					￥-38080.00		￥-4950.40

价税合计（大写）　　⊗（负数）肆万叁仟零叁拾圆肆角　　（小写）￥-43030.40

销售方	名　称：燕华商贸有限公司 纳税人识别号：4400018631465 地　址、电话：广州市中山三路154号　83487965 开户行及账号：工商银行越秀支行 010-0134-10012335766	备注	略

收款人：王芳　　复核：张辰　　开票人：王勇　　销售方：（章）

第一联：记账联　销售方记账凭证

42.2/2

广州市国家税务局
企业进货退出及索取折让证明单

No.0567

销货单位	全　称	燕华商贸有限公司
	税务登记号	4400018631465

进货退出	货物名称	单价	数量	货款	税额

索取折让	货物名称	货款	税额	要求 折让金额　折让税额
	女时装	190,400.00	24,752.00	38,080.00　4,950.40

退货或索取折让理由

经办人：布雅瑟　　税务征收机关签章
单位签章：　　　　同意
2021年12月15日　　2021年12月15日

购货单位	全　称	
	税务登记号	

* 本证明单一式三联：
第一联，征收机关留存；第二联，交销货单位留存；第三联，购货单位留存。

第二联：销货单位留存

43.1/2 中国工商银行 进账单（回单） 1

2021年12月16日

	全称	韶关宏达商场		全称	燕华商贸有限公司	
出票人	账号	010-0754-10057567355	收票人	账号	010-0134-10012335766	此联是开户银行交给持（出）票人回单
	开户银行	建设银行中山路支行		开户银行	工商银行越秀支行	

人民币（大写）：捌仟柒佰伍拾柒圆伍角整　　¥ 8 7 5 7 5 0

票据种类	银行汇票	票据张数	壹	
票据号码				

中国工商银行越秀支行 2021.12.16 转讫

复核　　记账　　开户银行盖章

43.2/2 广东增值税专用发票　№ 14605XXX

4400000000

此联不作报销、扣税凭证使用　开票日期：2021年12月16日

购买方	名称	韶关宏达商场
	纳税人识别号	2400016583762
	地址、电话	（略）25647967
	开户行及账号	建设银行 010-0754-10057567355

货物或应税劳务、服务名称	规格型号	单位	数量	单价	金额	税率	税额
夹心饼干		盒	500	15.50	7750.00	13%	1007.50
合　计					¥7750.00		¥1007.50

价税合计（大写）：⊗捌仟柒佰伍拾柒圆伍角整　（小写）¥8757.50

销售方	名称	燕华商贸有限公司
	纳税人识别号	4400018631465
	地址、电话	广州市中山三路154号　83487965
	开户行及账号	工商银行越秀支行 010-0134-10012335766

备注：燕华商贸有限公司 发票专用章

收款人：王芳　　复核：张辰　　开票人：王勇　　销售方：（章）

44.1/2 商品购进短缺溢余报告单

2021年 12月 16日　　编号：03781

货号	品名	单位	应收数量	实收数量	单价	短缺数量	短缺金额	溢余数量	溢余金额	处理意见
	曲奇饼干	盒	300	245	10.00	55	550.00			供货方退款
合　计							¥550.00			

供货单位：深圳美佳食品厂　　溢余或短缺原因：供货方少发货
专用发票号码：

制单：孙红梅

44.2/2

广东增值税专用发票 № 14600000

发票联　销项负数　　开票日期：2021年12月16日

购买方	名　称：燕华商贸有限公司 纳税人识别号：4400018631465 地址、电话：广州市中山三路154号　83487965 开户行及账号：工商银行越秀支行 010-0134-10012335766	密码区	（略）

货物或应税劳务、服务名称	规格型号	单位	数量	单价	金额	税率	税额
曲奇饼干		盒	-55	10.00	-550.00	13%	-71.50
合　计					¥-550.00		¥-71.50
价税合计（大写）	⊗（负数）陆佰贰拾壹圆伍角整				（小写）¥-621.50		

销售方	名　称：深圳美佳食品厂 纳税人识别号：44000514134695 地址、电话：（略）81276575 开户行及账号：建设银行 021-259-039	备注	（深圳美佳食品厂发票专用章）

收款人：李田山　　复核：张蒙　　开票人：陈波　　销售方：（章）

第三联：发票联　购买方记账凭证

45.1/2

商品购进短缺溢余报告单

2021 年 12 月 16 日　　　　　　　　　编号：01102

货号	品名	单位	应收数量	实收数量	单价	短缺数量	短缺金额	溢余数量	溢余金额
	女时装	套	500	495	200	5	1,000.00		
	合　计						¥1,000.00		

供货单位：上海蓝天公司　　　处理意见：补发商品　　溢余或短缺原因：供货方少发商品
专用发票号码：

制单：刘刚

45.2/2

收　货　单

编号：01111

供货单位：上海蓝天公司　　2021年12月16日　　存放地点：批发部仓库

货号	品名	规格	单位	应收数量	实收数量	单价	金额
（略）	女时装		套		5	200.00	1,000.00
	合　计						¥1,000.00

商品类别：服装组

入库联

收货人：刘刚

46.1/1

保 险 金 计 算 表

2021年12月16日　　　　　　　　　　　　　　编号:1201

项　目	工资总额		提取率（%）	计提金额
养老保险金	商品经营部门	26,770.00	22.5	6,023.25
	行政管理部门	8,100.00	22.5	1,822.50
医疗保险金	商品经营部门	26,770.00	12	3,212.40
	行政管理部门	8,100.00	12	972.00
失业保险金	商品经营部门	26,770.00	2	535.40
	行政管理部门	8,100.00	2	162.00
合　计				

审核：邓顺义　　　　　　　　　　　　　　制表：张小亚

47.1/1

住 房 公 积 金 计 算 表

2021年12月16日　　　　　　　　　　　　　　编号:1202

工资总额		提取率（%）	计提金额
商品经营部门	26,770.00	7	1,873.90
行政管理部门	8,100.00	7	567.00
合　计			

审核：邓顺义　　　　　　　　　　　　　　制表：张小亚

48.1/1

工 会 经 费 及 福 利 费 计 算 表

2021年12月16日　　　　　　　　　　　　　　编号:1203

项　目	工资总额		提取率（%）	计提金额
工会经费	商品经营部门	26,770.00	2	535.40
	行政管理部门	8,100.00	2	162.00
职工教育经费	商品经营部门	26,770.00	1.5	401.55
	行政管理部门	8,100.00	1.5	121.50
职工福利费	商品经营部门	26,770.00	14	3,747.80
	行政管理部门	8,100.00	14	1,134.00
合　计				

审核：邓顺义　　　　　　　　　　　　　　制表：张小亚

49.1/3

广东增值税专用发票 № 14605XXX

4400000000

此联不作报销、抵扣税凭证使用 开票日期：2021 年 12 月 18 日

购买方	名　　　　称：	广州市恰愉专卖店			密码区	（略）		
	纳税人识别号：	4400025639684						
	地　址、电　话：	（略）22054989						
	开户行及账号：	工商银行 020-0329-10541896						

货物或应税劳务、服务名称	规格型号	单位	数量	单价	金额	税率	税额
男西装		套	300	358.00	107400.00	13%	13962.00
女时装		套	500	238.00	119000.00	13%	15470.00
合　　计					￥226400.00		￥29432.00
价税合计（大写）	⊗贰拾伍万伍仟捌佰叁拾贰圆整				（小写）￥255832.00		

销售方	名　　　　称：	燕华商贸有限公司	备注
	纳税人识别号：	4400018631465	
	地　址、电　话：	广州市中山三路 154 号 83487965	
	开户行及账号：	工商银行越秀支行 010-0134-10012335766	

收款人：王芳　　　复核：张辰　　　开票人：王勇　　　销售方：（章）

49.2/3

Uninon Pay 银联 签购单

商户存根

特约商户名称：燕华商贸有限公司
POS号：000612
终端机号：20869003
特约商户编号：102290053110632

卡别/卡号
　　8418 2367 8372 1109 (工行)
交易类型：消费　　有效期：29/12
批次号码：872136　　查询号：6823
时间/日期21/12/18
序号：202113066　　授权号：80559
金额：￥255,832.00
（同意支付上述款项）

（持卡人签字）
张愉

49.3/3

中国工商银行银联卡 汇计单　　编号：08325

日期：2021年12月18日

特约单位名称：燕华商贸有限公司	签购单总份数	1
	总 计 金 额	255,832.00
特约单位编号：	手续费 9‰	23,024.88
	净 计 金 额	￥232,807.12

第一联：银行盖章后退特约单位作交费收据

50.1/10

商品销售收入缴款单

缴款部门：食品组　　　　　2021年12月20日

货款种类	张数	金额	货款种类	张数	金额
现金：			银行卡签购单	3	2,890.00
其中：票面100元	200	20,000.00	转账支票		
票面50元	20	1,000.00	银行本票		
票面20元	10	200.00			
票面10元	5	50.00			
票面5元					
票面1元					
角票、分币					

缴款金额人民币（大写）贰万肆仟壹佰肆拾圆整　　　　￥24,140.00

缴款人：王波　　　　　　　　　收款人：王芳

50.2/10

商品销售收入缴款单

缴款部门：服装组　　　　　2021年12月20日

货款种类	张数	金额	货款种类	张数	金额
现金：			银行卡签购单	3	49,570.00
其中：票面100元	1000	100,000.00	转账支票	1	6,000.00
票面50元	600	30,000.00	银行本票		
票面20元	200	4,000.00			
票面10元	110	1,100.00			
票面5元	14	70.00			
票面1元					
角票、分币					

缴款金额人民币（大写）壹拾玖万零柒佰肆拾圆整　　　　￥190,740.00

缴款人：王波　　　　　　　　　收款人：王芳

50.3/10

商品销售收入缴款单

缴款部门：首饰组　　　　　2021年12月20日

货款种类	张数	金额	货款种类	张数	金额
现金：			银行卡签购单	3	8,500.00
其中：票面100元	250	25,000.00	转账支票	1	8,500.00
票面50元	10	500.00	银行本票		
票面20元					
票面10元					
票面5元					
票面1元					
角票、分币					

缴款金额人民币（大写）肆万贰仟伍佰圆整　　　　￥42,500.00

缴款人：王波　　　　　　　　　收款人：王芳

50.4/10

工商银行　进账单　（回单）　1

2021 年 12 月 20 日

出票人	全称	天富商场	收款人	全称	燕华商贸有限公司
	账号	021-6547-321564		账号	010-0134-10012335766
	开户银行	建设银行东风分行		开户银行	工商银行越秀支行

金额	人民币（大写）	壹万肆仟伍佰圆整	￥14500 00

票据种类	支票	票据张数	贰张
票据号码			

复核 邓顺义　　记账 李文红

此联是开户银行交给持（出）票人的回单

中国工商银行越秀支行 2021.12.20（开户银行盖章）

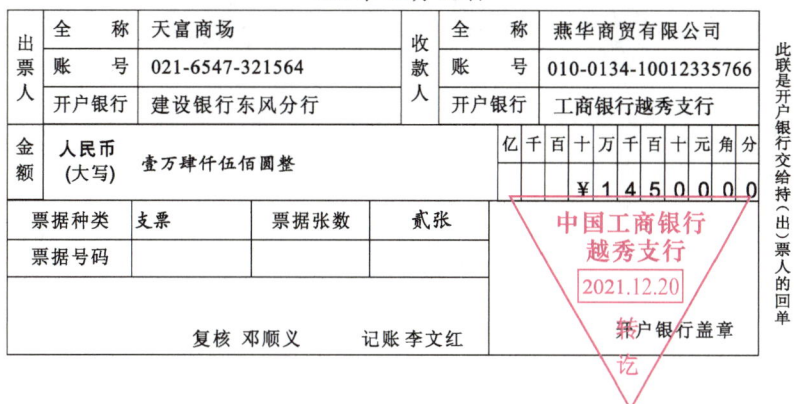

50.5/10

中国工商银行广州市（越秀支行）现金送款单（回单）　①

2021 年 12 月 20 日

款项来源	销货款	收款人	全称	燕华商贸有限公司
解款部门	财务部		账号	010-0134-10012335766

人民币（大写）：壹拾捌万壹仟玖佰贰拾圆整　￥181920 00

票面	张数	票面	张数	种类
一百元	1450	五元	14	五角
五十元	630	一元		一角
二十元	210			分币
十元	115			

此联由银行盖章后退解款人

中国工商银行越秀支行 现金收讫（收款银行盖章）

50.6/10

Uninon Pay 银联　签购单　　　　**Uninon Pay 银联　签购单**　　　　**Uninon Pay 银联　签购单**

　　　　　商户存根　　　　　　　　　　　　商户存根　　　　　　　　　　　　商户存根

特约商户名称：燕华商贸有限公司	特约商户名称：燕华商贸有限公司	特约商户名称：燕华商贸有限公司
POS号：000612	POS号：000613	POS号：000613
终端机号：20869003	终端机号：20869003	终端机号：20869003
特约商户编号：102290053110632	特约商户编号：102290053110632	特约商户编号：102290053110632
卡别/卡号	卡别/卡号	卡别/卡号
8418 2367 8372 1109（工行）	5309 7086 3654 2981（工行）	5309 7086 3654 2981（工行）
交易类型：消费　有效期：29/12	交易类型：消费　有效期：29/12	交易类型：消费　有效期：29/12
批次号码：872136　查询号：6823	批次号码：8726692　查询号：5736	批次号码：878215　查询号：7621
时间/日期 21/12/20	时间/日期 21/12/20	时间/日期 21/12/20
序号：203213125　授权号：80559	序号：191287635　授权号：64817	序号：186803768　授权号：75271
金额：￥1,500.00	金额：￥890.00	金额：￥500.00
（同意支付上述款项）	（同意支付上述款项）	（同意支付上述款项）
（持卡人签字）王学敏	（持卡人签字）陈浩	（持卡人签字）徐辽

50.7/10

Uninon Pay 银联 签购单	Uninon Pay 银联 签购单	Uninon Pay 银联 签购单
商户存根	商户存根	商户存根
特约商户名称：燕华商贸有限公司 POS号：000612 终端机号：20869003 特约商户编号：102290053110632	特约商户名称：燕华商贸有限公司 POS号：000613 终端机号：20869003 特约商户编号：102290053110632	特约商户名称：燕华商贸有限公司 POS号：000613 终端机号：20869003 特约商户编号：102290053110632
卡别/卡号 8418 2367 8372 1109 (工行) 交易类型：消费 有效期：29/12 批次号码：872136 查询号：6823 时间/日期 21/12/20 序号：206513789 授权号：80559 金额：¥29,470.00 （同意支付上述款项）	卡别/卡号 5309 7086 3654 2981 (工行) 交易类型：消费 有效期：29/12 批次号码：8726692 查询号：5736 时间/日期 21/12/20 序号：192687045 授权号：64817 金额：¥15,000.00 （同意支付上述款项）	卡别/卡号 5309 7086 3654 2981 (工行) 交易类型：消费 有效期：29/12 批次号码：878215 查询号：7621 时间/日期 21/12/20 序号：193564069 授权号：75271 金额：¥5,100.00 （同意支付上述款项）
（持卡人签字） 张小兵	（持卡人签字） 陈玲	（持卡人签字） 徐丽

50.8/10

Uninon Pay 银联 签购单	Uninon Pay 银联 签购单	Uninon Pay 银联 签购单
商户存根	商户存根	商户存根
特约商户名称：燕华商贸有限公司 POS号：000612 终端机号：20869003 特约商户编号：102290053110632	特约商户名称：燕华商贸有限公司 POS号：000613 终端机号：20869003 特约商户编号：102290053110632	特约商户名称：燕华商贸有限公司 POS号：000613 终端机号：20869003 特约商户编号：102290053110632
卡别/卡号 8418 2367 8372 1109 (工行) 交易类型：消费 有效期：29/12 批次号码：872136 查询号：6823 时间/日期 21/12/20 序号：200213731 授权号：80559 金额：¥2,000.00 （同意支付上述款项）	卡别/卡号 5309 7086 3654 2981 (工行) 交易类型：消费 有效期：29/12 批次号码：8726692 查询号：5736 时间/日期 21/12/20 序号：191347658 授权号：64817 金额：¥3,500.00 （同意支付上述款项）	卡别/卡号 5309 7086 3654 2981 (工行) 交易类型：消费 有效期：29/12 批次号码：878215 查询号：7621 时间/日期 21/12/20 序号：194804273 授权号：75271 金额：¥3,000.00 （同意支付上述款项）
（持卡人签字） 谭品	（持卡人签字） 董敏莉	（持卡人签字） 吴芳

50.9/10

中国工商银行银联卡汇计单

编号：08325
日期：2021年12月20日

特约单位名称：燕华商贸有限公司
特约单位编号：

签购单总份数	9
总计金额	60,960.00
手续费 9‰	548.64
净计金额	¥60,411.36

第一联：银行盖章后退特约单位作交费收据

50.10/10 销货款短缺溢余报告单

部门：食品组　　　　2021 年 12 月 20 日

销售金额	24,190.00	部门意见	
实收金额	24,140.00		
短缺款	50.00		
溢余款		领导审批	
溢缺原因	待查		

收款员：王波

51.1/2 销货更正单

2021 年 12 月 20 日

购货单位：韶关宏达商场　　原发货单编号：　　日期：2021 年 12 月 16 日　　单位：元

项目	规格、品名	单位	数量	单价	金额	税率（%）	税额
原来	夹心饼干	盒	500	15.50	7,750	13	1,007.50
更正	夹心饼干	盒	500	15.00	7,500	13	975.00
应收应付	人民币（大写）贰佰捌拾贰圆伍角整				应收￥应付￥282.50		
更正原因	价格变动						

制表：张洪民

51.2/2 广东增值税专用发票　№ 14605XXX

4400000000　　销项负数　　此联不作报销、抵税凭证使用　　开票日期：2021 年 12 月 20 日

购买方	名称：韶关宏达商场 纳税人识别号：2400016583762 地址、电话：（略）25647967 开户行及账号：建设银行 010-0754-10057567355	密码区	（略）

货物或应税劳务、服务名称	规格型号	单位	数量	单价	金额	税率	税额
夹心饼干		盒	-500	0.50	-250.00	13%	-32.50
合　　　计					￥-250.00		￥-32.50

价税合计（大写）　⊗（负数）贰佰捌拾贰圆伍角整　　（小写）￥-282.50

销售方	名称：燕华商贸有限公司 纳税人识别号：440001863465 地址、电话：广州市中山三路 154 号　83487965 开户行及账号：工商银行越秀支行 010-0134-10012335766	备注	

收款人：王芳　　复核：张辰　　开票人：王勇　　销售方：（章）

52.1/1
中国工商银行
支 票 存 根
XVI0013698025
附加信息＿＿＿＿＿＿＿
＿＿＿＿＿＿＿＿＿＿＿
出票日期 2021 年 12 月 20 日
收款公司：公司工会
金　额：￥836.60
用　途：工会经费
单位主管：邓顺文　会计：张小亚

53.1/1
中国工商银行
支 票 存 根
XVI0013698026
附加信息＿＿＿＿＿＿＿
＿＿＿＿＿＿＿＿＿＿＿
出票日期 2021 年 12 月 20 日
收款人：广州市公积金管理中心
金　额：￥5,771.80
用　途：住房公积金
单位主管：邓顺文　会计：张小亚

54.1/1

委托加工商品发料单

2021年12月20日　　　　　　　　　　　　合同字号：8569

加工单位	红叶服装加工厂	加工成品名称	女时装（新款）	数量	500套
拨付商品名称	单位	数量	单价	金额	备注
女时装	套	500	210.00	105,000.00	改变款式
合　计				￥105,000.00	

发料：刘刚　　　　　　制单：张红霞

55.1/3

广州市国家税务局
企业进货退出及索取折让证明单

No：2567832

销货单位	全　称	燕华商贸有限公司
	税务登记号	4400018631465

进货退出	货物名称	单　价	数　量	货　款	税　额
	男西装	358	300	107,400	13,962
	女时装	238	500	119,000	15,470

索取折让	货物名称	货　款	税　额	要求	
				折让金额	折让税额

第二联：销货单位留存

退货或索取折让理由	经办人：款款不符 单位签章： 2021年12月21日	税务征收机关签章 经办人：同意 2021年12月21日

购货单位	全　称	广州市怡愉专卖店
	税务登记号	4400025639684

＊本证明单一式三联：
　第一联，征收机关留存；第二联，交销货单位留存；第三联，购货单位留存。

55.2/3

进货退出单

编号：01711

供货单位：燕华商贸有限公司　　2021年12月21日　　存放地点：批发部仓库

货　号	品　名	规　格	单　位	应退数量	实退数量	单　价	金　额
	男西装		套	300	300	358.00	107,400.00
	女时装		套	500	500	238.00	119,000.00

出库联

商品类别　时装类

发货人：刘刚

55.3/3 广东增值税专用发票 № 14605XXX

4400000000　销项负数　此联不作报销抵税凭证使用　开票日期：2021年12月22日

购买方	名　称：广州市恰愉专卖店 纳税人识别号：4400025639684 地　址、电话：（略）22054989 开户行及账号：工商银行020-0329-10541896	密码区	（略）

货物或应税劳务、服务名称	规格型号	单位	数量	单价	金额	税率	税额
男西装		套	-300	358.00	-107400.00	13%	-13962.00
女时装		套	-500	238.00	-119000.00	13%	-15470.00
合　计					¥-226400.00		¥-29432.00
价税合计（大写）	⊗（负数）贰拾伍万伍仟捌佰叁拾贰圆整				（小写）¥-255832.00		

销售方	名　称：燕华商贸有限公司 纳税人识别号：4400018631465 地　址、电话：广州市中山三路154号　83487965 开户行及账号：工商银行越秀支行 010-0134-10012335766	备注	燕华商贸有限公司 发票专用章

收款人：王芳　　复核：张辰　　开票人：王勇　　销售方：（章）

56.1/3 收 货 单

编号：01112

供货单位：深圳美佳食品厂　　2021年12月22日　　收货部门：批发部

货号	品　名	规　格	单　位	应收数量	实收数量	单　价	金　额
（略）	夹心饼干		盒	1000		12.00	12,000.00
	曲奇饼干		盒	500		9.60	4,800.00
合　计							¥16,800.00

商品类别：食品类

收货人：刘刚

56.2/3 广东增值税专用发票 № 14605XXX

4400000000　发票联　开票日期：2021年12月22日

购买方	名　称：燕华商贸有限公司 纳税人识别号：4400018631465 地　址、电话：广州市中山三路154号　83487965 开户行及账号：工商银行越秀支行 010-0134-10012335766	密码区	（略）

货物或应税劳务、服务名称	规格型号	单位	数量	单价	金额	税率	税额
夹心饼干		盒	1000	12.00	12000.00	13%	1560.00
曲奇饼干		盒	500	9.60	4800.00	13%	624.00
合　计					¥16800.00		¥2184.00
价税合计（大写）	⊗壹万捌仟玖佰捌拾肆圆整				（小写）¥18984.00		

销售方	名　称：深圳美佳食品厂 纳税人识别号：44000514134695 地　址、电话：（略）81276575 开户行及账号：建设银行 021-259-039	备注	深圳美佳食品厂 发票专用章

收款人：李田山　　复核：张蒙　　开票人：陈波　　销售方：（章）

商品流通企业会计综合实训 第三篇

56.3/3

委托收款凭证（付款通知）5

委托号码：第C0303号

委托日期：2021 年 12 月 22 日　　付款日期：2021 年 12 月 22 日

收款人	全称	深圳美佳食品厂	付款人	全称	燕华商贸有限公司
	账号或地址	021-259-039		账号或地址	010-0134-10012335766
	开户银行	建设银行　行号 039		开户银行	工商银行越秀支行

委收金额	人民币（大写）	壹万捌仟玖佰捌拾肆圆整	千百十万千百十元角分 ¥ 1 8 9 8 4 0 0

款项内容	委托收款	寄单证张数	1 张

备注：

付款人注意：
应于见票当日通知开户行划款。
如需拒付，应在规定的期限内，将拒付理由书并
附债务证明退交开户银行。

此联付款人开户行给付款人按期付款的通知

单位主管：邓顺义　会计：张小亚　复核：邓顺义　记账：李文红　付款人开户行收到日期 2021 年 12 月 22 日

（印章：中国工商银行越秀支行 2021.12.22 转讫）
（印章：建设银行盐田支行 2021.12.22 业务章）

57.1/5

广东增值税专用发票　№ 14605XXX

4400000000

发票联

开票日期：2021 年 12 月 22 日

购买方	名称	燕华商贸有限公司	密码区	（略）
	纳税人识别号	4400018631465		
	地址、电话	广州市中山三路154号 83487965		
	开户行及账号	工商银行越秀支行 010-0134-10012335766		

货物或应税劳务、服务名称	规格型号	单位	数量	单价	金额	税率	税额
夹心饼干		盒	800	12.50	10000.00	13%	1300.00
曲奇饼干		盒	800	9.50	7600.00	13%	988.40
合　计					¥17600.00		¥2288.00

价税合计（大写）	⊗壹万玖仟捌佰捌拾捌圆整	（小写）¥19888.00

销售方	名称	东莞大华食品厂
	纳税人识别号	44000514034695
	地址、电话	（略）82276575
	开户行及账号	工商银行 618954678052463

（印章：东莞大华食品厂 发票专用章）

第三联：发票联 购买方记账凭证

收款人：王月美　　复核：邓安　　开票人：周洪　　销售方：（章）

57.2/5

收货单

编号：1003002

收货部门：食品组　　2021 年 12 月 22 日　　供货单位：东莞大华食品厂

商品名称	购进价格				零售价格				进销差价
	单位	数量	单价	金额	单位	数量	单价	金额	
夹心饼干	盒	800	12.50	10,000.00	盒	800	16.50	13,200.00	3,200.00
曲奇饼干	盒	800	9.50	7,600.00	盒	800	12.80	10,240.00	2,640.00
合　计				¥17,600				¥23,440.00	¥5,840.00

结算联

收货人：王替芳

57.3/5

收 货 单

编号：1003002

收货部门：食品组　　　　2021年12月22日　　　供货单位：东莞大华食品厂

商品名称	购进价格				零售价格				进销差价
	单位	数量	单价	金额	单位	数量	单价	金额	
夹心饼干	盒	800	12.50	10,000.00	盒	800	16.50	13,200.00	3,200.00
曲奇饼干	盒	800	9.50	7,600.00	盒	800	12.80	10,240.00	2,640.00
合　计				¥17,600.00				¥23,440.00	¥5,840.00

入库联

收货人：王静芳

57.4/5

4400000000　广东增值税专用发票　№ 14605XXX

发票联　　　　　　　　开票日期：2021 年 12 月 22 日

购买方	名　称：燕华商贸有限公司 纳税人识别号：4400018631465 地址、电话：广州市中山三路154号　83487965 开户行及账号：工商银行越秀支行 010-0134-10012335766	密码区	（略）

货物或应税劳务、服务名称	规格型号	单位	数量	单价	金额	税率	税额
运费		次	1		321.00	9%	29.00
合　计					¥321.00		¥29.00

价税合计（大写）　⊗叁佰伍拾圆整　　　　　　　（小写）¥350.00

销售方	名　称：东莞货运公司 纳税人识别号：4400077321234 地址、电话：（略）80008000 开户行及账号：工商银行618954678052463	备注	（东莞货运公司发票专用章）

收款人：张三　　复核：张美　　开票人：陈小丽　　销售方：（章）

第三联：发票联　购买方记账凭证

57.5/5

委电

委托收款凭证（付款通知）5

委托号码：第C0302号

委托日期 2021 年 12 月 22 日　　付款日期：2021 年 12 月 22 日

收款人	全称	东莞大华食品厂	付款人	全称	燕华商贸有限公司
	账号或地址	618954678052463		账号或地址	010-0134-10012335766
	开户银行	工商银行　行号 039		开户银行	工商银行越秀支行

委收金额	人民币（大写）	贰万零贰佰叁拾捌圆整	千	百	十	万	千	百	十	元	角	分
					¥	2	0	2	3	8	0	0

款项内容：货款　　委收款凭证名称：商业承兑汇票　　寄单张数：2张

备注：（中国工商银行越秀支行 2021.12.22 电划转讫）

付款人注意：
应于见票当日通知开户行划款。
如需拒付，应在规定的期限内，将拒付理由书并附债务证明交交开户银行。

此联付款人开户行给付款人按期付款的通知

单位主管：邓顺义　会计：张小亚　复核：邓顺义　记账：李文红　付款人开户行收到日期 2021 年 12 月 22 日

58.1/1

社会保险转账凭证（回单）

转账日期：2021 年 12 月 22 日

汇款人	名称	燕华商贸有限公司	收款人	名称	广州市社会保险事业基金结算管理中心
	账号	010-0134-10012335766		账号	020-8569421
	开户银行	工商银行越秀支行		开户银行	建设银行中山一路分行

金额	人民币（大写）	壹万柒仟伍佰陆拾贰圆陆角伍分	千	百	十	万	千	百	十	元	角	分
					¥	1	7	5	6	2	6	5

摘要	收 2021 年 12 月 保险费 （征收额与核定单不一致的，以托收单为准）

备注	养老保险 10,794.85
	医疗保险 5,421.90
	失业保险 1,345.90
	合计 ¥17,562.65

打印日期：2021 年 12 月 22 日

59.1/1

中国工商银行
支 票 存 根
XVI0013698027
附加信息 _____
_____
_____
出票日期 2021 年 12 月 22 日
收款人：天河分店
金　额：￥100,000.00
用　途：经营费
单位主管：邓顺义　会计：张小亚

60.1/2

中国工商银行
支 票 存 根
XVI0013698028
附加信息 _____
_____
_____
出票日期 2021 年 12 月 22 日
收款人：保险公司
金　额：￥12,000.00
用　途：财产保险费
单位主管：邓顺义　会计：张小亚

60.2/2

平安财产保险有限公司
保险业专用发票

编号：538272
开票日期：2021 年 12 月 22 日

付款人：燕华商贸有限公司
承保险种：财产保险　　　期别：1 年
保险单号：20202011703010600206　　批单号：_____
保险费金额人民币(大写)：壹万贰仟圆整　　(小写)：¥12,000.00
附注：

经手人：张文洋　　复核：顾春红　　保险公司签章：

第二联：发票联

61.1/1

中国工商银行 业务凭证

会计日期：20211222　交易时间：2021-12-22 16:13:21　用　户：44000ardp 王芳　传票号：0063
终端号：44000arvl　日志号：521986846　现场复核：
贷款合约号：44070156700000296　　　　　　　　　前台交易码：31202
合约名称：燕华商贸有限公司　　　　　　　　　　　后台交易码：LPLN0003
还款方式：部分还清
计划变更方式：　　　　　　　新到期日期：
还款总额：CNY120,000.00
大　写：人民币壹拾贰万元整
本　金：120000.00　　利息：2780.56　　违约金：0.00
资金来源：转账还款　　转账户名：燕华商贸有限公司
转账账号：　　　　　凭证号码：00 -00000000
待核销交易日期：　　待核销用户号：
待核销过渡号：0 -　　剩余待核销金额：0.00

（中国工商银行股份有限公司 广州越秀支行 业务专用章）

62.1/2

中国工商银行支票存根
XVI0013698029
附加信息：

出票日期 2021年12月22日
收款人：燕华商贸有限公司
金　额：¥1,500.00
用　途：备用金
单位主管：邓顺义　会计：张小亚

62.2/2

借支单

2021年12月22日

借款人	刘剑	部门	业务部	职务	办事员
借款理由	补足备用金				
借款金额	人民币(大写) 壹仟伍佰圆整				¥1500.00
核　准	邓顺义				

（现金付讫）

63.1/1

销货款短缺溢余报告单

部门：食品组　　2021年12月23日

销售金额	24,190.00	部门意见	同意
实收金额	24,140.00		
短缺款	50.00	领导审批	同意
溢余款			
溢缺原因	是收款人张华的责任		

收款员：王波

64.1/2

收货单

编号：01101

供货单位：深圳美佳食品厂　　2021年12月23日　　存放地点：批发部仓库

货号	品名	规格	单位	应收数量	实收数量	单价	金额
（略）	夹心饼干		盒	1000	1000	12.00	12,000.00
合　计							¥12,000.00

商品类别：食品类

入库联

收货人：刘刚

64.2/2

代管商品收货单

2021 年 12 月 23 日

供货单位：深圳美佳食品厂　　　　　　　　　　　　　　　　编号：00016

商 品 品 名	单 位	数 量	代 管 原 因
曲奇饼干	盒	500	退货

主管：刘明　　　　　　　保管：刘刚　　　　　　　制单：刘静

65.1/1

委托代销商品移库单

委字第 31 号　　　　　　2021 年 12 月 23 日　　　　　　付货部门：批发部

收货单位：中山恒宇商场　　　　　　　　　　　代销合同协字：295 号

货号	品名	规格	单位	数量	进价 单价	进价 金额	代销价 单价	代销价 金额	手续费 比例	手续费 金额
	男西装		套	400	300	120,000.00	358	143,200.00	10%	14,320.00
	合计					¥120,000.00		¥143,200.00		¥14,320.00

批准：刘明　　　收货人：王小阳　　　发货人：刘刚　　　制单：刘静

66.1/2

4400000000　广东增值税专用发票　№ 14605XXX

发票联　　开票日期：2021 年 12 月 25 日

购买方	名　　称：燕华商贸有限公司 纳税人识别号：4400018631465 地　址、电　话：广州市中山三路 154 号 83487965 开户行及账号：工商银行越秀支行 010-0134-10012335766	密码区	（略）

货物或应税劳务、服务名称	规格型号	单位	数量	单价	金额	税率	税额
电费		千瓦时	6750	0.60	4050.00	13%	526.50
合　　计					¥4050.00		¥526.50

价税合计（大写）　　⊗肆仟伍佰柒拾陆圆伍角整　　　　（小写）¥4576.50

销售方	名　　称：广州市电力公司 纳税人识别号：4400514034695 地　址、电　话：（略）82276575 开户行及账号：工商银行 618954678052463	备注	（广州市电力公司 发票专用章）

收款人：李明　　　复核：张宏宇　　　开票人：陈岩　　　销售方：（章）

66.2/2

委托银行收款凭证（付款通知） ④专用

委托日期：2021年12月25日　　　托收号码 662378

付款人	全　称	燕华商贸有限公司	收款人	全　称	广州市电力公司
	账　号	010-0134-10012335766		账　号	110133729036
	开户银行	工商银行越秀支行		开户银行	工行市分行营业部

金额	人民币（大写）	肆仟伍佰柒拾陆圆伍角整	千	百	十	万	千	百	十	元	角	分
		¥				4	5	7	6	5	0

| 结算原因 | 12月电费 | 合同号码 | | 附寄单证张数 | 1 |

上列款项已从你账户付出

此联是付款人开户银行给付款人的付款通知

（中国工商银行广州市分行营业部 2021.12.25 印章）

67.1/4

中国工商银行
支票存根
XVI0013698030
附加信息 _____

出票日期 2021年12月25日
收款人：广州柜业集团
金　额：¥1,696.80
用　途：货款及运费

单位主管：邓顺义　会计：杨小玉

67.2/4

收料单

编号：01101

供货单位：广州柜业集团　　2021年12月25日　　存放地点：批发部仓库

货号	品名	规格	单位	应收数量	实收数量	单价	金额
（略）	货柜		只	2	2	680.00	1,360.00
合计							¥1,360.00

商品类别：低值易耗品

收货人：刘刚

67.3/4

4400000000　**广东增值税专用发票**　№ 14605XXX

发票联　　开票日期：2021年12月25日

购买方	名　称：燕华商贸有限公司	密码区
	纳税人识别号：4400018631465	
	地　址、电话：广州市中山三路154号　83487965	（略）
	开户行及账号：工商银行越秀支行 010-0134-10012335766	

货物或应税劳务、服务名称	规格型号	单位	数量	单价	金额	税率	税额
货柜		只	2	680.00	1360.00	13%	176.80
合　计					¥1360.00		¥176.80

价税合计（大写）　⊗壹仟伍佰叁拾陆圆捌角整　　（小写）¥1536.80

销售方	名　称：广州柜业集团	备注
	纳税人识别号：440005140346	
	地　址、电话：（略）42276575	（广州柜业集团发票专用章）
	开户行及账号：工商银行 918954678052461	

收款人：赵雨云　　复核：张曼　　开票人：刘雯　　销售方：（章）

第三联：发票联　购买方记账凭证

67.4/4

广东增值税专用发票

4400000000　　　　　　　　　　　　　　№ 14605XXX

发票联

开票日期：2021 年 12 月 22 日

购买方	名　　称	燕华商贸有限公司	密码区	（略）		
	纳税人识别号	4400018631465				
	地址、电话	广州市中山三路154号				
	开户行及账号	工商银行越秀支行010-0134-10012335766				

货物或应税劳务、服务名称	规格型号	单位	数量	单价	金额	税率	税额
货柜		只	2	160.00	146.79	9%	13.21
合　　　计					￥146.79		￥13.21

价税合计（大写）	⊗壹佰陆拾圆整	（小写）￥160.00

销售方	名　　称	广州铁路局	备注	广州铁路局 发票专用章
	纳税人识别号	40007654321		
	地址、电话	（略）88657013		
	开户行及账号	工商银行 666273681234567		

收款人：田小六　　　复核：张四　　　开票人：王五　　　销售方：（章）

第三联：发票联　购买方记账凭证

68.1/1

领　料　单

编号：01101

领料单位：零售商场　　　　2021年12月25日　　　　存放地点：仓库

货号	品　名	规　格	单　位	领用数量	单　价	金　额	
（略）	货柜		只	2	680.00	1,360.00	出库联
合　计						￥1,360.00	

商品类别：低值易耗品

发料人：刘 刚

69.1/3

广州市国家税务局
企业进货退出及索取折让证明单

No：2567832

销货单位	全　称	深圳美佳食品厂			
	税务登记号	44000514134695			

进货退出	货物名称	单 价	数 量	货 款	税 额
	曲奇饼干	9.60	500	4,800.00	624.00

索取折让	货物名称	货 款	税 额	要　求	
				折让金额	折让税额

退货或索取折让理由	变质 经办人：××× 2021年12月25日 深圳美佳食品厂 业务章	税务征收机关签章 2021年12月25日 广州市国税局

购货单位	全　称	燕华商贸有限公司
	税务登记号	4400018631465

＊ 本证明单一式三联：
第一联，征收机关留存；第二联，交销货单位留存；第三联，购货单位留存。

第三联：购货单位留存

69.2/3

代管物资发货单

编号：01711

供货单位：深圳美佳食品厂　　2021年12月25日　　存放地点：批发部仓库

货号	品名	规格	单位	应退数量	实退数量	单价	金额
	曲奇饼干		盒	500	500	9.60	4,800.00

出库联

商品类别　食品类

收货人：刘　刚

69.3/3

4400000000

广东增值税专用发票　№14605XXX

销项负数　　　　　　　发票联　　　开票日期：2021年12月25日

购买方	名　称：燕华商贸有限公司 纳税人识别号：4400018631465 地　址、电　话：广州市中山三路154号　83487965 开户行及账号：工商银行越秀支行 010-0134-10012335766	密码区	（略）

货物或应税劳务、服务名称	规格型号	单位	数量	单价	金额	税率	税额
曲奇饼干		盒	-500	9.60	-4800.00	13%	-624.00
合　计					¥-4800.00		¥-624.00

价税合计（大写）　⊗（负数）伍仟肆佰贰拾肆圆整　　（小写）¥-5424.00

销售方	名　称：深圳美佳食品厂 纳税人识别号：44000514134695 地　址、电　话：（略）81276575 开户行及账号：建设银行 021-259-039	备注	（深圳美佳食品厂 发票专用章）

收款人：李田山　　复核：张蒙　　开票人：陈波　　销售方：（章）

第三联：发票联　购买方记账凭证

70.1/2

广州市电信有限公司

2021年12月26日　　编号：126581

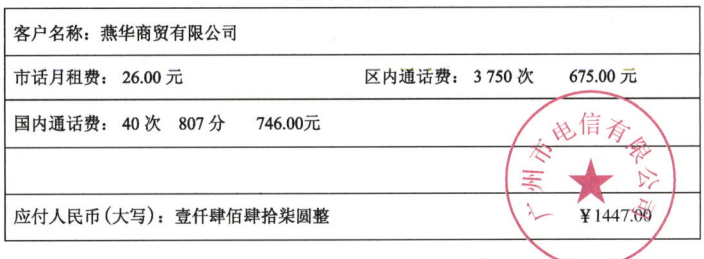

客户名称：燕华商贸有限公司		
市话月租费：26.00元	区内通话费　3 750次	675.00元
国内通话费　40次　807分　746.00元		
应付人民币（大写）：壹仟肆佰肆拾柒圆整		¥1447.00

70.2/2

委托银行收款凭证（付款通知）④专用

委托日期：2021年12月26日　　托收号码 662378

付款人	全　称	燕华商贸有限公司	收款人	全　称	广州市电信有限公司
	账　号	010-0134-10012335766		账　号	110133729036
	开户银行	工商银行越秀支行		开户银行	工行市分行营业部

金额	人民币（大写）壹仟肆佰肆拾柒圆整	千百十万千百十元角分 ¥　　　1 4 4 7 0 0

| 结算原因 | 12月电信费 | 合同号码 | | 附寄单证张数 | 1 |

上列款项已从你账户付出（中国工商银行广州市分行 2021.12.26 营业部）

此联是付款人开户银行给付款人的付款通知

71.1/1

中国工商银行 广州市分行越秀支行贷款计付利息清单（付款通知）

单位名称：燕华商贸有限公司　　2021年12月26日

结算户账号	010-0134-10012335766	计息起讫日	2021年9月25日—2021年12月25日	
计息户账号	010-0134-10012335766	计息总积数	（略）	你单位上述贷款利息已付出你账户。此致 贷款单位
年 利 率	5.85%	利息金额	￥13 339.50	
摘要：贷款利息				

72.1/1

中国工商银行 广州市分行
电子报税付款通知

编号：000001

开户银行：工商银行越秀支行　　扣款日期：2021年12月26日　　收款国库：国家金库广州市白云区

纳税人代码		税务征收机关	白云区税务局
纳税人全称	燕华商贸有限公司	银行账号	010-0134-10012335766
纳税流水号	税　种	税款所属时间	实缴税额
	所得税	2021年12月1~31日	16 250.00
合计金额	(大写)壹万陆仟贰佰伍拾圆整		￥16 250.00
本付款通知经与银行对账单记录核对一致有效。		上述税款已经扣缴，请与银行对账单核对一致。扣款银行（盖章）	

73.1/1

中国工商银行 广州市分行越秀支行存款计收利息清单（收款通知）

单位名称：燕华商贸有限公司　　2021年12月26日

结算户账号	010-0134-10012335766	计息起讫日	2021年9月25日~2021年12月25日	
计息户账号	010-0134-10012335766	计息总积数	（略）	你单位上述存款利息已存入你账户。此致 贷款单位
年 利 率	0.72%	利息金额	￥728.00	
摘要：存款利息				

74.1/1

收 货 单

编号：1003002

收货部门：服装组　　　2021年12月28日　　　供货单位：晶丽公司

商品名称	购进价格				零售价格				进销差价	
	单位	数量	单价	金额	单位	数量	单价	金额		
男西装	套	600	305	183,000.00	套	600	380	228,000.00	45,000.00	入库联
合　计				¥183,000.00				¥228,000.00	¥45,000.00	

收货人：王静芳

75.1/1

工商银行　　进账单　（回单）　1

2021 年 12月28日

出票人	全称	大新商场		收款人	全称	燕华商贸有限公司	此联是开户银行交给持（出）票人的回单
	账号	021-6547-321564			账号	010-0134-10012335766	
	开户银行	建设银行东风分行			开户银行	工商银行越秀支行	
金额	人民币（大写）	贰万壹仟肆佰肆拾柒圆肆角整			亿千百十万千百十元角分 ¥　　　　2 1 4 4 7 4 0		
票据种类	支票	票据张数	壹张	中国工商银行 越秀支行 2021.12.28 转户银行盖章			
票据号码							
复核　　　记账							

76.1/2

中国工商银行
支　票　存　根
XVI0013698031
附加信息＿＿＿＿＿＿＿＿
＿＿＿＿＿＿＿＿＿＿＿＿
＿＿＿＿＿＿＿＿＿＿＿＿
出票日期　2021年12月29日
收款人：红叶服装加工厂
金　额：¥5,650.00
用　途：加工费
单位主管：郑顺文　会计：张小亚

76.2/2

广东增值税专用发票 № 14605XXX

4400000000

发票联 开票日期：2021年12月29日

购买方	名　称：燕华商贸有限公司 纳税人识别号：4400018631465 地　址、电　话：广州市中山三路154号　83487965 开户行及账号：工商银行越秀支行 010-0134-10012335766	密码区	（略）

货物或应税劳务、服务名称	规格型号	单位	数量	单价	金额	税率	税额
加工费					5000.00	13%	650.00
合　　计					¥5000.00		¥650.00

价税合计（大写）　⊗伍仟陆佰伍拾圆整　　　（小写）¥5650.00

销售方	名　称：红叶服装加工厂 纳税人识别号：4400051403467 地　址、电　话：（略）32276575 开户行及账号：工商银行 12918954678052	备注	（红叶服装加工厂 发票专用章）

收款人：赵雨　　复核：张曼莉　　开票人：刘雯菲　　销售方：（章）

77.1/2

低值易耗品报废申请单

2021年12月30日　　　　　　　　　　　编号：0132

名称及规格	数　量	单位成本	总成本	已摊销金额	账面净值	报废原因
货柜	1	600.00	600.00	300.00	300.00	损坏

领导审批意见　同意

会计主管：邓顺义　　　　　　　　　　　　　制单：王川亮

77.2/2

收料单

编号：01101

供货单位：零售商场　　2021年12月30日　　存放地点：批发部仓库

货号	品名	规格	单位	应收数量	实收数量	单价	金额
（略）	报废货柜残料		只	1	1	50.00	50.00
	合计						¥50.00

商品类别：低值易耗品

收货人：刘刚

78.1/1

中国工商银行 广州市分行越秀支行贷款凭证（回单） ③

日期：2021年12月30日

借款人	名　称	燕华商贸有限公司	收款人	名　称	燕华商贸有限公司	此联系核定放款回单代借款人收款通知
	放款户账号	010-0134-10012335766		往来户账号	010-0134-10012335766	
	开户银行	工商银行越秀支行		开户银行	工商银行越秀支行	

借款期限（最后还款日）	3个月	借款计划指标	
借款申请金额	人民币（大写）壹拾伍万圆整	十亿千百十万千百十元角分 ￥ 1 5 0 0 0 0 0 0	
借款原因及用途	临时借款充实流动资金	银行核定金额	十亿千百十万千百十元角分 ￥ 1 5 0 0 0 0 0 0

期限	计划还款日期	√	计划还款金额	分次还款记录	期次	还款日期	还款金额	结欠
1								
2								
3								
4								

备　注：	上述借款业已同意贷给并转入你单位往来账户，借款到期时应按期归还。此致 借款单位 （银行盖章）

（中国工商银行广州市分行越秀支行 业务章 2021.12.30）

79.1/1

存货可变现净值低于成本报告单

填报部门：批发部　　　　2021年12月30日

品　名	规　格	计量单位	成本单价	可变现单价	单位减值额	结存数量	减值金额	减值原因
女时装		套	207.00	185.00	22.00	130	2,860.00	式样陈旧
合　计	—	—	—	—	—		￥2,860.00	—

审核：邓顺义　　　　　　　　　　　　　　制表：张小亚

80.1/1

中华人民共和国印花税票销售凭证

2021年12月30日　　　　　　　编号：378621

购买单位	燕华商贸有限公司		
购　买　印　花　税　票			
面值种类	数　量	金　额	面值种类	数　量	金　额
伍拾元	3	150.00			
伍元	6	30.00			
			总　计	9	￥180.00
金额总计（大写）	壹佰捌拾元整			
销售单位(章)	（白云区税务局 收款专用章）	售票人(章)	备注

81.1/1

固定资产报废申请单

2021 年 12 月 30 日　　　　　　　　　　　　　　　　　　编号：016

固定资产名称	数 量	原 值	已提折旧额	账面净值	报废原因
运输货车	1	89,600.00	75,200.00	14,400.00	无法使用
领导审批意见	同意				

会计主管：邓顺义　　　　　　　　　　　　　　　　　　　制单：张小亚

82.1/3

广州市（越秀支行）现金送款单

2021 年 12 月 30 日

款项来源	销货款	收款人	全 称	燕华商贸有限公司
解款部门	财务部		账 号	010-0134-10012335766

人民币（大写）：陆仟柒佰圆整　　　　　　　　　　¥ 6700 00

票 面	张数	票面	张数	种类	百	十	元	角	分
一百元	62	五元		五角					
五十元	10	一元		一角					
二十元				分币					
十 元									

（收款银行盖章）中国工商银行越秀支行 现金收讫

此联由银行盖章后退解款人

82.2/3

商品销售收入缴款单

缴款部门：水产部　　　　　　2021 年 12 月 30 日

货款种类	张数	金 额	货款种类	张数	金 额
现金：			银行卡签购单		
其中：票面100元	30	3,000.00	转账支票		
票面50元	6	300.00	银行本票		
票面20元					
票面10元					
票面5元					
票面1元					
角票、分币					

缴款金额人民币（大写）叁仟叁佰圆整　　　　　　¥ 3,300.00

缴款人：王波　　　　　　　　收款人：王芳

收讫

82.3/3 商品销售收入缴款单

缴款部门：水果部　　　　2021 年 12 月 30 日

货款种类	张数	金 额	货款种类	张数	金 额
现金			银行卡签购单		
其中：票面100元	32	3,200.00	转账支票		
票面50元	4	200.00	银行本票		
票面20元					
票面10元			（注：该批水果进价2,500元）		
票面5元					
票面1元					
角票、分币					
缴款金额人民币（大写）叁仟肆佰圆整			¥ 3,400.00		

缴款人：王波　　　　　　　　收款人：王芳

（收讫）

83.1/3 销货更正单

2021 年 12 月 30 日

购货单位：燕华商贸有限公司　　原发货单位编号：8569　　日期：2021年12月22日　　单位：元

项目	规格、品名	单位	数量	单价	金额	税率（%）	税额
原来	夹心饼干		800	12.50	10,000.00	13	1,300.00
更正				11.50	9,200.00	13	1,196.00
原来	曲奇饼干		800	9.50	7,600.00	13	988.00
更正				10.00	8,000	13	1,040.00

应收应付　人民币（大写）　　　　　　应收 ¥ 452.00　应付 ¥

更正原因　价格变动

（东莞大华食品厂 业务专用章）

制表：张丽莎

83.2/3

4400000000　　广东增值税专用发票　　№ 14605XXX

销项负数　　　　发票联　　开票日期：2021 年 12 月 30 日

购买方	名　称：燕华商贸有限公司 纳税人识别号：4400018631465 地　址、电　话：广州市中山三路154号　83487965 开户行及账号：工商银行越秀支行 010-0134-10012335766	密码区	（略）

货物或应税劳务、服务名称	规格型号	单位	数量	单价	金额	税率	税额
夹心饼干		盒	-800	1.00	-800.00	13%	-104.00
合　　计					¥-800.00		¥-104.00

价税合计（大写）　⊗（负数）玖佰零肆圆整　　　　（小写）¥-904.00

销售方	名　称：东莞大华食品厂 纳税人识别号：44000514058916 地　址、电　话：（略）41276573 开户行及账号：工商银行 021-259-039	备注	（东莞大华食品厂 发票专用章）

收款人：王月美　　复核：邓安　　开票人：周洪　　销售方（章）

第三联：发票联　购买方记账凭证

83.3/3

广东增值税专用发票 № 14605XXX

发票联　　开票日期：2021 年 12 月 30 日

购买方	名　称：燕华商贸有限公司 纳税人识别号：4400018631465 地址、电话：广州市中山三路154号　83487965 开户行及账号：工商银行越秀支行 010-0134-10012335766	密码区	（略）

货物或应税劳务、服务名称	规格型号	单位	数量	单价	金额	税率	税额
曲奇饼干		盒	800	0.50	400.00	13%	52.00
合　　计					￥400.00		￥52.00

价税合计（大写）　⊗肆佰伍拾贰圆整　　　　　　　　　　　（小写）￥452.00

销售方	名　称：东莞大华食品厂 纳税人识别号：44000514058916 地址、电话：（略）　41276573 开户行及账号：工商银行 021-259-039	备注	（东莞大华食品厂发票专用章）

收款人：王月美　　复核：邓安　　开票人：周洪　　销售方：（章）

84.1/9

销货款短缺溢余报告单

部门：食品组　　　　2021 年 12 月 31 日

销售金额	13,952.50	部门意见	
实收金额	13,962.50		
短缺款		领导审批	
溢余款	10		
溢缺原因	待查		

收款员：王波

84.2/9

商品销售收入缴款单

缴款部门：食品组　　　　2021 年 12 月 31 日

货款种类	张数	金　额	货款种类	张数	金　额
现金：			银行卡签购单	2	5,440.00
其中：票面100元	40	4,000.00	转账支票	1	4,522.50
票面50元			银行本票		
票面20元					
票面10元					
票面5元					
票面1元					
角票、分币					

缴款金额人民币（大写）壹万叁仟玖佰陆拾贰圆伍角整　　　￥13,962.50

缴款人：王波　　　　　　　收款人：王芳

84.3/9

商品销售收入缴款单

缴款部门：服装组　　　　　　　2021 年 12 月 31 日

货款种类	张数	金额	货款种类	张数	金额
现金：			银行卡签购单	2	7,150.00
其中：票面100元	1000	100,000.00	转账支票	1	
票面50元	100	5,000.00	银行本票		
票面20元	15	300.00			
票面10元	9	90.00			
票面5元					
票面1元	4	4.00			
角票、分币					

缴款金额人民币（大写）壹拾壹万贰仟伍佰肆拾肆圆整　　　￥ 112,544.00

缴款人：王波　　　　　　　　收款人：王芳

84.4/9

商品销售收入缴款单

缴款部门：首饰组　　　　　　　2021 年 12 月 31 日

货款种类	张数	金额	货款种类	张数	金额
现金：			银行卡签购单	2	17,000.00
其中：票面100元	340	34,000.00	转账支票	1	8,500.00
票面50元			银行本票		
票面20元					
票面10元					
票面5元					
票面1元					
角票、分币					

缴款金额人民币（大写）伍万玖仟伍佰圆整　　　￥ 59,500.00

缴款人：王波　　　　　　　　收款人：王芳

84.5/9

工商银行　　进账单　（回单）　1

2021 年 12 月 31 日

出票人	全称	天富商场	收款人	全称	燕华商贸有限公司
	账号	021-6547-321564		账号	010-0134-10012335766
	开户银行	建设银行东风分行		开户银行	工商银行越秀支行

金额　人民币（大写）壹万叁仟零贰拾贰圆伍角整　　￥13022.50

票据种类	支票	票据张数	壹张
票据号码			

中国工商银行越秀支行　2021.12.31　转讫

开户银行盖章

复核　　记账

此联是开户银行交给持（出）票人的回单

84.6/9

广州市（越秀支行）现金送款单

2021 年 12 月 31 日

款项来源	销货款		收款人	全　称	燕华商贸有限公司
解款部门	财务部			账　号	010-0134-10012335766

人民币（大写）：壹拾肆万叁仟叁佰玖拾肆圆整　￥143394.00

票面	张数	票面	张数	种类	百	十	元	角	分
一百元	1380	五元		五角					
五十元	100	二元		一角					
二十元	15	一元	4	分币					
十元	9								

（中国工商银行越秀支行 现金收讫）（收款银行盖章）

此联由银行盖章后退解款人

84.7/9

中国工商银行银联卡 汇计单

编号：08325
日期：2021年12月31日

特约单位名称： 燕华商贸有限公司	签购单总份数	6
	总计金额	29,590.00
特约单位编号：	手续费 9‰	266.31
	得计金额	￥29,323.69

（燕华商贸有限公司 财务专用章）

第一联：银行盖章后退特约单位作交费收据

84.8/9

Uninon Pay 银联　签购单 商户存根	**Uninon Pay 银联　签购单** 商户存根	**Uninon Pay 银联　签购单** 商户存根
特约商户名称：燕华商贸有限公司 POS号：000612 终端机号：20869003 特约商户编号：102290053110632 卡别/卡号 　8418 2367 8372 1109 (工行) 交易类型：消费　有效期：29/12 批次号码：872136　查询号：6823 时间/日期 21/12/31 序号：200212538　授权号：80559 金额：￥2,440.00 （同意支付上述款项） （持卡人签字） 王娜	特约商户名称：燕华商贸有限公司 POS号：000613 终端机号：20869003 特约商户编号：102290053110632 卡别/卡号 　5309 7086 3654 2981 (工行) 交易类型：消费　有效期：29/12 批次号码：8726692　查询号：5736 时间/日期 21/12/31 序号：191340190　授权号：64817 金额：￥3,000.00 （同意支付上述款项） （持卡人签字） 钟明	特约商户名称：燕华商贸有限公司 POS号：000613 终端机号：20869003 特约商户编号：102290053110632 卡别/卡号 　5309 7086 3654 2981 (工行) 交易类型：消费　有效期：29/12 批次号码：878215　查询号：7621 时间/日期 21/12/31 序号：194800467　授权号：75271 金额：￥2,000.00 （同意支付上述款项） （持卡人签字） 许雨

84.9/9

Uninon Pay 银联 签购单
商户存根

特约商户名称：	燕华商贸有限公司
POS号：	000612
终端机号：	20869003
特约商户编号：	102290053110632

卡别/卡号
　8418 2367 8372 1109 (工行)
交易类型：消费　　有效期：29/12
批次号码：872136　查询号：6823
时间/日期 21/12/31
序号 200211765　授权号：80559
金额：¥ 5,150.00
（同意支付上述款项）

（持卡人签字）
赵小敏

Uninon Pay 银联 签购单
商户存根

特约商户名称：	燕华商贸有限公司
POS号：	000613
终端机号：	20869003
特约商户编号：	102290053110632

卡别/卡号
　5309 7086 3654 2981 (工行)
交易类型：消费　　有效期：29/12
批次号码：8726692　查询号：5736
时间/日期 21/12/31
序号 191342376　授权号：64817
金额：¥ 9,000.00
（同意支付上述款项）

（持卡人签字）
陈东

Uninon Pay 银联 签购单
商户存根

特约商户名称：	燕华商贸有限公司
POS号：	000613
终端机号：	20869003
特约商户编号：	102290053110632

卡别/卡号
　5309 7086 3654 2981 (工行)
交易类型：消费　　有效期：29/12
批次号码：878215　查询号：7621
时间/日期 21/12/31
序号 194801431　授权号：75271
金额：¥ 8,000.00
（同意支付上述款项）

（持卡人签字）
徐红

85.1/2

商品盘点短缺溢余报告单

部门：食品组　　　　2021年12月31日　　　　编号：1202

账存金额	9,263.49	溢余金额		短缺或溢余原因	待查	记账联
实存金额	9,033.49	短缺金额	230.00			
上月本柜组差价率			20.26%			
溢余商品差价		溢价商品进价				
短缺商品差价	45.60	短缺商品进价	184.40			
领导批复		部门意见				

审批人：邓顺义　　柜组长：张文红　　复核：张文红　　制单：王波

85.2/2

商品盘点短缺溢余报告单

部门：服装组　　　　2021年12月31日　　　　编号：1203

账存金额	550,140.00	溢余金额		短缺或溢余原因	待查	记账联
实存金额	550,052.80	短缺金额	87.20			
上月本柜组差价率			23.64%			
溢余商品差价		溢价商品进价				
短缺商品差价	20.61	短缺商品进价	66.59			
领导批复		部门意见				

审批人：邓顺义　　柜组长：张文红　　复核：张文红　　制单：王波

86.1/3

广州市人民医院
门诊医疗费收据

姓名：邓红波　　　　№90049217

项　目	百	十	元	角	分
检查费		9	8	0	0
治疗费		8	6	0	0
放射费					
手术费					
化验费		1	9	0	0
输血费					
输氧费					
观察床费					
西药费	2	3	0	5	0
中成药费					
中草药费					
自费中药					
自费西药					
合计		2260.50			

备　注
1. 收据丢失不补
2. 无收讫印无效
3. 检查费包括心电、脑电、B超、镜检等各种仪器检查

人民币(大写)：贰仟贰佰陆拾圆伍角整

（广州市人民医院 现金收讫）

86.2/3

职工医疗费报销单

部门：商场　　　　　　　　　　　填表日期：2021年12月31日

姓　名	邓伟刚	性　别	男	就诊医院	
家属姓名	邓红波	家属年龄	8周岁	白云区中心医院	
项　目	实际金额	个人承担	报销金额	备注	
药　费	2260.50	50%	1130.25		
检查费					
治疗费					
其　他					

实际报销金额(大写)：壹仟壹佰叁拾圆贰角伍分　　　　￥1130.25元

审核：　　　　制表：　　　　报销人：邓伟刚

（现金付讫）

86.3/3

职工生活困难补助申请单

2021年12月31日

部门	仓 库	申请人	陈红
补助原因	爱人下岗待业在家		
金额	人民币(大写)壹仟圆整		
部门意见	同意		周伟 2021年12月31日
工会意见	同意		赵晓阳 2021年12月31日

（现金付讫）

87.1/2

出借包装物入库单

部门：仓库　　　　2021年12月31日　　　　编号：1218

归还包装物单位名称		兴顺公司		
名称	计量单位	单价	数量	金额
塑料包装箱	只	60.00	250	¥15,000.00

收料人：刘刚

87.2/2

中国工商银行
支 票 存 根
XVI0013698032
附加信息
_____
_____
出票日期 2021年12月31日

收款人：	兴顺公司
金　额：	¥10,000.00
用　途：	归还押金

单位主管：邓顺义　会计：张小亚

88.1/1

耗用原材料汇总表

2021年12月31日　　　　编号：0336

品 名	计量单位	数 量	单 价	金 额	用 途
柴油	升	137	6.70	917.90	仓库装卸商品
铜锁	只	2	25.00	50.00	仓库保管
日光灯管	支	4	12.00	48.00	仓库照明
日光灯管	支	10	12.00	120.00	营业、办公
复印纸	封	18	21.60	388.80	办公
墨盒	只	4	38.80	155.20	办公
圆珠笔	支	20	15.00	300.00	营业、办公
圆珠笔芯	支	20	0.50	10.00	营业、办公
包装带	卷	10	12.10	121.00	包装商品
塑料袋	盒	7	10.00	70.00	包装商品
木材	立方米	0.5	998.00	499.00	修理货架
拖把	只	5	6.00	30.00	清洁环境
账页	本	8	8.20	65.60	记账
信纸	本	8	3.20	25.60	办公
信封	刀	5	3.00	15.00	办公
发票	本	15	6.00	90.00	营业
合 计				¥2,906.10	

记账：李文红　　　复核：邓顺义　　　制表：张小亚

89.1/1

坏账损失报告单
2021年12月31日

应收账款单位名称	天华商场	金　额	￥15,000.00
原　因	因该商店已破产，账款无法收回		
领导审批意见	同意 2021.12.31		

90.1/1

工资结算汇总表
2021年12月31日

部门	标准工资	病事假扣款	应发标准工资	奖金	食品补贴	应发工资合计	非工资性津贴 车贴	非工资性津贴 房贴
商品经营部门	23 900.00	50.00	23 850.00	2 120.00	800.00	26 770.00	1 500.00	179.00
行政管理部门	6 960.00	10.00	6 950.00	950.00	200.00	8 100.00	140.00	21.00
合计	30 860.00	60.00	30 800.00	3 070.00	1 000.00	34 870.00	1 640.00	200.00

部门	代扣款项 住房公积金	养老保险金	医疗保险金	失业保险金	个人所得税	工会经费	合计	实发金额
商品经营部门	2 762.50	2 300.00	1 075.00	567.50	133.75	120.93	6 959.68	21 489.32
行政管理部门	568.40	649.10	162.50	81.00	67.00	18.27	1 546.27	6 714.73
合计	3 330.90	2 949.10	1 237.50	648.50	200.75	139.20	8 505.95	28 204.05

91.1/5　　受托代销售货小票（第二联：记账联）

商品品名：	女时装
数量：	50
单位售价：	260.00
合计金额：	￥13 000.00

收款员：王波　　　　　售货员：李丽

（现金收讫）

91.2/5

中国工商银行广州市(越秀支行)现金送款单(回单) ①
2021 年12月31日

款项来源	销货款	收款人	全称	燕华商贸有限公司	此联由银行盖章后退解款人
解款部门	财务部		账号	010-0134-10012335766	

人民币（大写）：壹万叁仟圆整　　￥1 3 0 0 0 0 0

票面	张数	票面	张数	种类	百	十	元	角	分
一百元	130	五元		五角					
五十元		一元		一角					
二十元				分币					
十元									

中国工商银行越秀支行 现金收讫

(收款银行盖章)

91.3/5

代销商品销售清单

2021年12月31日　　字第098号

| 受托方：燕华商贸有限公司 | 委托方：顺意服装厂 | 代销合同协字0121号 |

货号	品名	规格	单位	数量 来货	数量 已销	代销价 单价	代销价 金额	增值税额	手续费 比例	手续费 金额
	女时装		套	50	50	210	10,500.00	1,365.00		

售货人：李丽　　经办人：张洋　　制单：王波

91.4/5

广东增值税专用发票　№ 14605XXX

4400000000　发票联

开票日期：2021年12月31日

| 购买方 | 名称：燕华商贸有限公司
纳税人识别号：4400018631465
地址、电话：广州市中山三路154号　83487965
开户行及账号：工商银行越秀支行 010-0134-10012335766 | 密码区 | （略） |

货物或应税劳务、服务名称	规格型号	单位	数量	单价	金额	税率	税额
女时装		套	50	210.00	10500.00	13%	1365.00
合　　计					¥10500.00		¥1365.00

价税合计（大写）　⊗壹万壹仟捌佰陆拾伍圆整　　（小写）¥11865.00

| 销售方 | 名称：顺意服装厂
纳税人识别号：35640023121578
地址、电话：（略）47564321
开户行及账号：农业银行 01-5672-0986 | 备注 | （顺意服装厂 发票专用章） |

收款人：李怀思　　复核：张恩宁　　开票人：陈新华　　销售方：（章）

91.5/5

中国工商银行
支票存根
XVI0013698033
附加信息 _____

出票日期 2021年12月31日
收款人：顺意服装厂
金　额：¥11,865.00
用　途：代销货款

单位主管：邓顺义　会计：张小亚

92.1/3

固定资产清理结果报告单

2021年12月31日　　编号：016

固定资产名称	数量	原值	已提折旧额	账面净值	变价收入	清理费用	清理结果
运输货车	1	89,600.00	75,200.00	14,400.00			
领导审批意见	同意						

会计主管：邓顺义　　　　　　　　　　　制单：张小亚

92.2/3

工商银行 进账单（回单） 1

2021 年 12 月 31 日

出票人	全 称	江海公司	收款人	全 称	燕华商贸有限公司	此联是开户银行交给持（出）票人的回单
	账 号	021-6547-321561		账 号	010-0134-10012335766	
	开户银行	建设银行东风分行		开户银行	工商银行越秀支行	

金额	人民币（大写）	柒仟陆佰圆整	亿千百十万千百十元角分 ¥7 6 0 0 0 0

票据种类	支票	票据张数	壹张
票据号码			

复核　　记账　　　中国工商银行越秀支行 2021.12.31 转讫　　开户银行盖章

92.3/3

```
中国工商银行
  支票存根
 XVI0013698034
 附加信息 _____
 _____
 _____
 出票日期 2021年12月31日
 收款人：天宏商场
 金  额：¥1,680.00
 用  途：清理费
 单位主管：邓顺义  会计：张小亚
```

93.1/2

商品盘点短缺溢余报告单

部门：食品组　　　2021年12月31日　　　编号：1202

账存金额	9,263.49	溢余金额		短缺或溢余原因	售货员王华过失	核销联
实存金额	9,033.49	短缺金额	230.00			
上月本柜组差价率			20.26%			
溢余商品差价		溢价商品进价				
短缺商品差价	45.60	短缺商品进价	184.40			
领导批复	按规定由责任人赔偿	部门意见	由责任人赔偿			

审批人：邓顺义　　柜组长：张文红　　复核：张文红　　制单：王波

93.2/2

商品盘点短缺溢余报告单

部门：服装组　　　2021年12月31日　　　编号：1203

账存金额	550,140.00	溢余金额		短缺或溢余原因	销货发错商品	核销联
实存金额	550,052.80	短缺金额	87.20			
上月本柜组差价率			23.64%			
溢余商品差价		溢价商品进价				
短缺商品差价	20.61	短缺商品进价	66.59			
领导批复	同意转作企业损失	部门意见	要求做企业损失处理			

审批人：邓顺义　　柜组长：张文红　　复核：张文红　　制单：王波

94.1/1

待摊费用摊销计算表

2021年12月31日

摊销项目	费用总额	抵销月数	本期摊销额
财产保险费	30,000.00	12	2,500.00
修理费	19,200.00	12	1,600.00
报刊杂志费	2,640.00	12	220.00
合计			¥4,320.00

95.1/1 委托加工商品成品回收单

委 托 方	燕华商贸有限公司	受 托 方	红叶服装加工厂
委托日期	2021.12.20	回收日期	2021.12.31
成品名称	女时装（新款）		

原材料	数量	单价	金额	加工费	增值税
女时装	500	210.00	105,000.00	5,000.00	850.00
合计金额(大写)	壹拾壹万零捌佰伍拾元整				￥110,850.00
合格成品数	500	废品数			

委托方经手：张红霞　　　　　　受托方经手：王涛

96.1/2

广东增值税专用发票　№ 14605XXX

发票联　　开票日期：2021年12月31日

购买方	名　称：	燕华商贸有限公司	密码区	（略）
	纳税人识别号：	4400018631465		
	地址、电话：	广州市中山三路154号　83487965		
	开户行及账号：	工商银行越秀支行 010-0134-10012335766		

货物或应税劳务、服务名称	规格型号	单位	数量	单价	金额	税率	税额
*餐饮服务*餐费		次	1	2528.87	2528.57	6%	151.73
合　　　计					￥2528.87		￥2680.60
价税合计（大写）	⊗贰仟陆佰捌拾圆陆角整				（小写）￥2680.60		

销售方	名　称：	尔乐酒楼	备注	
	纳税人识别号：	91440101MA59HX		
	地址、电话：	广州市天河区林和中路148号　87573568		
	开户行及账号：	工商银行010-2587		

收款人：李举义　　复核：张欣　　开票人：陈艺颂　　销售方：（章）

96.2/2

中国工商银行
支票存根
XVI0013698035
附加信息

出票日期 2021年12月31日
收款人：尔乐酒楼
金　额：￥2,680.60
用　途：招待客户费用
单位主管：邓顺文　会计：张小玉

97.1/1 **商品削价报告单**

部门：食品组　　2021年12月31日

商品名称	单位/规格	数量	原售价 单价	原售价 金额	现售价(不含税) 单价	现售价(不含税) 金额	变动金额
曲奇饼干	盒	25	12.80	320.00	11.50	287.50	32.50
夹心饼干	盒	13	15.20	197.60	13.80	179.40	18.20
合计		38		￥517.60		￥466.90	￥50.70

主管：宋楠　　复核：李文辉　　制单：张红霞

98.1/2

广东增值税专用发票   № 14605XXX

4400000000

发票联

开票日期：2021 年 12 月 31 日

购买方	名　　　　称：燕华商贸有限公司 纳税人识别号：4400018631465 地　址、电　话：广州市中山三路154号　83487965 开户行及账号：工商银行越秀支行 010-0134-10012335766	密码区	（略）

货物或应税劳务、服务名称	规格型号	单位	数量	单价	金额	税率	税额
黄鱼		盒	900	20.00	18000.00	13%	2340.00
合　　计					¥18000.00		¥2340.00

价税合计（大写）　⊗贰万零叁佰肆拾圆整　　　　　　　　　（小写）¥20340.00

销售方	名　　　　称：隆鑫水产公司 纳税人识别号：44000514034518 地　址、电　话：（略）81276573 开户行及账号：工商银行 021-564-32335672366	备注	隆鑫水产公司 发票专用章

收款人：李举义　　　复核：张欣　　　开票人：陈艺颂　　　销售方：（章）

第三联：发票联　购买方记账凭证

98.2/2

中国工商银行
支　票　存　根
XVI0013698036
附加信息 _____
_____
_____
出票日期 2021 年 12 月 31 日
收款人：隆鑫水产公司
金　额：¥20,340.00
用　途：购货
单位主管 邓顺义　会计 张小亚

99.1/1

债券利息计算表

2021年 12 月 30 日

项目	本金	年利率	期限	年利息
国库券	300 000	5.2%	3年	15,600.00
合　　计				¥15,600.00

复核：邓顺义　　　　　　　　　　　制单：张文红

100.1/1

固定资产折旧计算表

2021年 12 月 31 日

固定资产类别	固定资产原值	预计使用寿命(年)	净残值率（%）	月折旧额
房屋及建筑	1 380 600.00			
其中：营业厅	886 100.00	40	3	
办公室	137 600.00	32	4	
仓库	356 900.00	30	4	
营业设备	252 800.00	10	4	
运输装卸设备	294 500.00	8	5	
管理设备	85 000.00	6	4	
合　　计	2 012 900.00			

101.1/1 **商品调价差额调整单** 编号：1257

填报部门：服装组　　　　2021年12月31日　　　　调价通知：调字第2号

品名	计量单位	盘存数量	零售单价 新价	零售单价 原价	调整单价差额 增加	调整单价差额 减少	调高金额	调低金额
男西装	套	42	391.00	380.00	11		462.00	
女时装	套	85	240.00	260.00		20		1,700.00
合计							￥462.00	￥1,700.00

审批人：邓顺义　　柜组长：张文红　　复核：张文红　　制单：王波

102.1/1 **中国工商银行广州市分行越秀支行（收据）**

2021年12月31日

缴款人名称	燕华商贸有限公司	账号	010-0134-10012335766

收费名称	数量	单价	金额（十万千百十元角分）	备注
银行汇票手续费	1	5.00	5 0 0	款项已从你单位账户转讫。银行盖章：
电汇手续费	4	12.00	4 8 0 0	
托收承付手续费	3	18.00	5 4 0 0	
委托收款手续费	4	12.50	5 0 0 0	
合计			￥1 5 7 0 0	

人民币（大写）壹佰伍拾柒圆整

此联由银行盖章后交客户

（中国工商银行广州市分行越秀支行 业务章 2021.12.31）

103.1/2 **工商银行业务委托书（收账通知）** 4

日期：2021年12月31日

业务类型：☑电汇　□汇票申请书　□本票申请书　□其他_____

申请付款人	全称	南山服装厂	收款人	全称	燕华商贸有限公司
	账号或地址	151137812357		账号或地址	010-0134-10012335766
	开户银行	工行昆山支行		开户银行	工行越秀支行

金额（大写）贰仟圆整　　￥2 0 0 0 0 0（亿千十万千百十元角分）

用途：违约赔偿金　　支付密码：

备注：

上列款项已划入你方账户内。
收款人开户银行签章：

银行签章

（中国工商银行广州市分行越秀支行 业务章 2021.12.31）

第一联：回单联

103.2/2

广州市企业单位统一收据
记 账 联

交款单位：南山服装厂　　　　　　2021年12月31日　　　　　　编号：592136

项　目	金额（十万千百十元角分）	备注
合同违约赔偿金	￥2 0 0 0 0 0	
合　计	￥2 0 0 0 0 0	

人民币（大写）贰仟圆整

收款单位（盖章有效）：燕华商贸有限公司 发票专用章　　　　　收款人：王芳

104.1/2

代销商品销售清单
2021 年 12 月 31 日　　　　　字第 091 号

受托方：中山恒宇商场　　委托方：燕华商贸有限公司　　代销合同协字 295 号

货号	品名	规格	单位	数量(来货)	数量(已销)	代销价(单价)	代销价(金额)	增值税额	手续费(比例)	手续费(金额)
	男西装		套	400	300	358.00	107,400.00	13,962.00	10%	10,740.00

售货人：李菁红　　经办人：张洪宇　　制单：王维娜

104.2/2

广东增值税专用发票　№ 14605XXX

4400000000

此联不作报销、抵税凭证使用　开票日期：2021 年 12 月 31 日

购买方	名　称：中山恒宇商场 纳税人识别号：56000025432612 地址、电话：广州市中山东路83672546 开户行及账号：工商银行666212346543123	密码区	（略）

货物或应税劳务、服务名称	规格型号	单位	数量	单价	金额	税率	税额
男西装		套	300	358.00	107400.00	13%	13962.00
合　计					￥107400.00		￥13962.00

价税合计（大写）　○壹拾贰万壹仟叁佰陆拾贰圆整　　　（小写）￥121362.00

销售方	名　称：燕华商贸有限公司 纳税人识别号：4400018631465 地址、电话：广州市中山三路 154 号　83487965 开户行及账号：工商银行越秀支行 010-0134-10012335766	备注	燕华商贸有限公司 发票专用章

收款人：王芳　　复核：张辰　　开票人：王勇　　销售方：（章）

第一联：记账联　销售方记账凭证

105.1/1　　　　　工商银行　　**进 账 单**　　（回　单）　1

2021 年 12 月 31 日

出票人	全　称	天河分店	收款人	全　称	燕华商贸有限公司
	账　号	021-6546-321561		账　号	010-0134-10012335766
	开户银行	建设银行东风分行		开户银行	工商银行越秀支行

金额	人民币（大写）	贰万零捌佰圆整	亿	千	百	十	万	千	百	十	元	角	分
						¥	2	0	8	0	0	0	0

票据种类	支票	票据张数	壹张
票据号码			

中国工商银行越秀支行
2021.12.31
转讫

开户银行盖章

复核　　记账

此联是开户银行交给持（出）票人的回单

107.1/2　　　　　**产品销售成本汇总计算表**

年　月　日

部门：批发部　　　　　　　　　　　　　　　　　金额单位：元

产品名称	销售数量（盒）	单位成本	总成本
合计			

复核：　　　　　　　　　　　　　　制表：

107.2/2　　　　　**产品销售成本计算表**

年　月　日

金额单位：元

部门	期初结存商品金额	本期收入商品金额	本期非销售发出商品金额	期末商品结存金额	本期商品销售成本
水产部	46,600.00	1,800.00		43,120.00	
合计					

复核：　　　　　　　　　　　　　　制表：

108.1/1

已销商品进销差价计算表

年　月　日

营业柜组	期末库存商品账户余额	期末受托代销商品账户余额	主营业务收入贷方发生额	本期存销商品合计额	结转前商品进销差价账户余额	差价率（%）	已销商品进销差价	期末商品进销差价
合计								

复核：　　　　　　　　　　　　　　制表：

109.1/1

零售商品销售收入调整及销项税额计算表

营业柜组	调整前主营业务收入账户余额	调 整 率	零售商品销售收入	销 项 税 额

110.1/1

无形资产摊销表

2021年12月31日

无形资产名称	本月摊销额	未摊销额
商标权	2,100.00	123,900.00
土地使用权	1,250.00	63,750.00
合计	3,350.00	187,650.00

制单：　　　　　　　　　　　　　　审批：

111.1/1

坏账准备计算表

年　月　日

应收账款金额	计提比例	计提坏账准备

制单：　　　　　　　　　　　　　　审批：

112.1/1

固定资产减值准备计算表

年　月　日

账面余额	可回收余额	固定资产跌价准备额

制单：　　　　　　　　　　　　　　审批：

房产税纳税申报表

税款所属期：自 年 月 日 至 年 月 日

纳税人识别号（统一社会信用代码）：□□□□□□□□□□□□□□□□□□

纳税人名称：

本期是否适用增值税小规模纳税人减征政策（减免性质代码：08049901）	□是 □否	本期适用增值税小规模纳税人减征政策起始时间	年 月	减征比例（%）	
		本期适用增值税小规模纳税人减征政策终止时间	年 月		

金额单位：人民币元（列至角分）；面积单位：平方米

一、从价计征房产税

房产编号	房产原值	其中：出租房产原值	计税比例	税率	所属期起	所属期止	本期应纳税额	本期减免税额	本期增值税小规模纳税人减征额	本期已缴税额	本期应补（退）税额
1	*										
2	*										
3	*										
4	*										
5	*										
6	*										
7	*										
8	*										
9	*										
10	*										
合计	*		*		*	*					

二、从租计征房产税

	本期申报租金收入	税率	本期应纳税额	本期减免税额	本期增值税小规模纳税人减征额	本期已缴税额	本期应补（退）税额
1							
2							
3							
合计		*					

谨声明：本纳税申报表是根据国家税收法律法规及相关规定填报的，是真实的、可靠的、完整的。

纳税人（签章）： 年 月 日

经办人： 受理人：
经办人身份证号： 受理税务机关（章）：
代理机构签章： 受理日期： 年 月 日
代理机构统一社会信用代码：

113.1/2

车船税纳税申报表

113.2/2

税款所属期限：自 年 月 日 至 年 月 日　　　　填表日期： 年 月 日　　　　金额单位：元至角分

纳税人识别号：□□□□□□□□□□□□□□□

纳税人名称				纳税人身份证照类型				
纳税人身份证照号码				居住（单位）地址				
联系人				联系方式				

序号	（车辆）号牌号码/（船舶）登记号号码	车船识别代码（车架号/船舶识别号）	征收品目	计税单位	计税单位的数量	单位税额	年应缴税额 7=5*6	本年减免税额 8	减免性质代码 9	减免税证明号 10	当年应缴税额 11=7-8	本年已缴税额 12	本期年应补（退）税额 13=11-12
1	2		3	4	5	6							
合计	—	—	—	—	—	—			—	—			

申报车辆总数（辆）：　　　　申报船舶总数（艘）：

以下由申报人填写

纳税人声明	此纳税申报表是根据《中华人民共和国车船税法》和国家有关税收规定填报的，是真实的、可靠的、完整的。	
纳税人签章	代理人签章	代理人身份证号
	受理日期	

以下由税务机关填写：

受理人		受理税务机关（签章）

本表一式两份，一份纳税人留存，一份税务机关留存。

114.1/1

增值税及附加税费申报表

（一般纳税人适用）

根据国家税收法律法规及增值税相关规定制定本表。纳税人不论有无销售额，均应按税务机关核定的纳税期限填写本表，并向当地税务机关申报。

税款所属时间：自 年 月 日至 年 月 日　　　　　填表日期： 年 月 日　　　　　　　　　　　金额单位：元（列至角分）

纳税人识别号（统一社会信用代码）：□□□□□□□□□□□□□□□□□□　　　　　所属行业：

纳税人名称：		法定代表人姓名		注册地址		生产经营地址	
开户银行及账号			登记注册类型			电话号码	

	项目	栏次	一般项目		即征即退项目	
			本月数	本年累计	本月数	本年累计
销售额	（一）按适用税率计税销售额	1				
	其中：应税货物销售额	2				
	应税劳务销售额	3				
	纳税检查调整的销售额	4				
	（二）按简易办法计税销售额	5				
	其中：纳税检查调整的销售额	6				
	（三）免、抵、退办法出口销售额	7			—	—
	（四）免税销售额	8			—	—
	其中：免税货物销售额	9			—	—
	免税劳务销售额	10			—	—
税款计算	销项税额	11				
	进项税额	12				
	上期留抵税额	13				
	进项税额转出	14				
	免、抵、退应退税额	15			—	—
	按适用税率计算的纳税检查应补缴税额	16				
	应抵扣税额合计	17=12+13-14-15+16		—		—
	实际抵扣税额	18（如17<11，则为17，否则为11）				
	应纳税额	19=11-18				
	期末留抵税额	20=17-18				—
	简易计税办法计算的应纳税额	21				
	按简易计税办法计算的纳税检查应补缴税额	22				
	应纳税额减征额	23				
	应纳税额合计	24=19+21-23				
税款缴纳	期初未缴税额（多缴为负数）	25				
	实收出口开具专用缴款书退税额	26				
	本期已缴税额	27=28+29+30+31				
	①分次预缴税额	28		—		—
	②出口开具专用缴款书预缴税额	29				
	③本期缴纳上期应纳税额	30				
	④本期缴纳欠缴税额	31				
	期末未缴税额（多缴为负数）	32=24+25+26-27				
	其中：欠缴税额（≥0）	33=25+26-27				
	本期应补(退)税额	34=24-28-29				
	即征即退实际退税额	35	—	—		
	期初未缴查补税额	36				
	本期入库查补税额	37				
	期末未缴查补税额	38=16+22+36-37				
附加税费	城市维护建设税本期应补（退）税额	39				
	教育费附加本期应补（退）费额	40				
	地方教育附加本期应补（退）费额	41				

声明：此表是根据国家税收法律法规及相关规定填写的，本人（单位）对填报内容（及附带资料）的真实性、可靠性、完整性负责。

　　　　　　　　　　　　　　　　　纳税人（签章）：　　　 年 月 日

经办人：	受理人：	
经办人身份证号：		
代理机构签章：	受理税务机关（章）：	受理日期： 年 月 日
代理机构统一社会信用代码：		

城市维护建设税教育费附加地方教育附加申报表

税款所属期限：自 年 月 日 至 年 月 日

A06554

纳税人识别号（统一社会信用代码）：□□□□□□□□□□□□□□□□□□

纳税人名称：

本期是否适用增值税小规模纳税人减征政策	减征比例 ___ 城市维护建设税（%）
（减免性质代码 城市维护建设税：07049901， 教育费附加：61049901， 地方教育附加：99049901）	减征比例 ___ 教育费附加（%） 减征比例 ___ 地方教育附加（%）
	□是 □否

本期是否适用试点建设培育产教融合型企业抵免政策	当期新增投资额 ___
	上期留抵可抵免金额 ___
	结转下期可抵免金额 ___
	□是 □否

金额单位：人民币元（列至角分）

税（费）种	计税（费）依据				税率（征收率）	本期应纳税（费）额	本期减免税（费）额		本期增值税小规模纳税人减征额	试点建设培育产教融合型企业减免性质	本期抵免金额	本期已缴税（费）额	本期应补（退）税（费）额
	增值税		消费税	营业税	合计			减免性质代码	减免税（费）额				
	一般增值税	免抵税额			5=1+2+3+4	6	7	8	9	10	11	12	13	14=7-9-10-12-13
	1	2	3	4									
城建税											---		
教育费附加											---		
地方教育附加											---		
合计								---			---		

谨声明：本纳税申报表是根据国家税收法律法规及相关规定填报的，是实的、可靠的、完整的。

纳税人（章）：

经办人：
经办人身份证号：
代理机构签章：
代理机构统一社会信用代码：

受理人：
受理税务机关（章）：
受理日期： 年 月 日

纳税人（签章）： 年 月 日

117.1/1

中华人民共和国企业所得税年度纳税申报表

税款所属期间： 年 月 日 至 年 月 日

纳税人识别号
（统一社会信用代码）： □□□□□□□□□□□□□□□□□□

纳税人名称：

金额单位：人民币元（列至角分）

行次	类别	项目	金额
1	利润总额计算	一、营业收入（填写A101010\101020\103000）	
2		减：营业成本（填写A102010\102020\103000）	
3		减：税金及附加	
4		减：销售费用（填写A104000）	
5		减：管理费用（填写A104000）	
6		减：财务费用（填写A104000）	
7		减：资产减值损失	
8		加：公允价值变动收益	
9		加：投资收益	
10		二、营业利润（1-2-3-4-5-6-7+8+9）	
11		加：营业外收入（填写A101010\101020\103000）	
12		减：营业外支出（填写A102010\102020\103000）	
13		三、利润总额（10+11-12）	
14	应纳税所得额计算	减：境外所得（填写A108010）	
15		加：纳税调整增加额（填写A105000）	
16		减：纳税调整减少额（填写A105000）	
17		减：免税、减计收入及加计扣除（填写A107010）	
18		加：境外应税所得抵减境内亏损（填写A108000）	
19		四、纳税调整后所得（13-14+15-16-17+18）	
20		减：所得减免（填写A107020）	
21		减：弥补以前年度亏损（填写A106000）	
22		减：抵扣应纳税所得额（填写A107030）	
23		五、应纳税所得额（19-20-21-22）	
24	应纳税额计算	税率（25%）	
25		六、应纳所得税额（23×24）	
26		减：减免所得税额（填写A107040）	
27		减：抵免所得税额（填写A107050）	
28		七、应纳税额（25-26-27）	
29		加：境外所得应纳所得税额（填写A108000）	
30		减：境外所得抵免所得税额（填写A108000）	
31		八、实际应纳所得税额（28+29-30）	
32		减：本年累计实际已缴纳的所得税额	
33		九、本年应补（退）所得税额（31-32）	
34		其中：总机构分摊本年应补（退）所得税额（填写A109000）	
35		财政集中分配本年应补（退）所得税额（填写A109000）	
36		总机构主体生产经营部门分摊本年应补（退）所得税额（填写A109000）	
37	实际应纳税额计算	减：民族自治地区企业所得税地方分享部分：（□免征 □减征：减征幅度%）	
38		十、本年实际应补（退）所得税额（33-37）	

118.1/1

利润分配计算表

单位名称：　　　　　　　　　　　　年　月　日　　　　　　　　单位：元

净利润			可供分配的利润	
分配项目	分配率	年应分配额	已分配额	应补分配额
提取法定盈余公积				
提取任意盈余公积				
应付利润				
合计				

会 计 主 管：　　　　　　　　复核：　　　　　　　　制表：

119.1/1

本年利润及利润分配有关明细账户转销

单位名称：　　　　　　　　　　　　年　月　日　　　　　　　　单位：元

总账账户	明细账户	余　额	
		借方	贷方
本年利润			
利润分配	未分配利润		
	应付利润		
	提取法定盈余公积		
	提取任意盈余公积		
合计			

会计主管：　　　　　　　　复核：　　　　　　　　制表：

附录 A 综合实训参考答案

附录 B

商品流通企业会计实训报告

实训项目：_____

班级：_____ 学号：_____ 姓名：_____

自评成绩：_____ 小组互评成绩：_____ 师评成绩：_____

日期：_____

商品流通企业会计实训（第3版）

一、实训目的与要求：

二、实训设备与材料：

三、实训内容简述（实训原理、操作步骤、原始记录和结果等）：

四、实训体会（分析自己的实训结果、针对发现的问题提出解决方案；针对实训内容提出良好的建议；制订自己下一步的专业学习计划等）：